感動経営

世界一の豪華列車「ななつ星」トップが明かす49の心得

唐池恒二

ダイヤモンド社

はじめに

〝感動飢餓〟の時代。

現代は、こういい表せる時代ではないだろうか。

ＪＲ九州には現在、37のグループ会社がある。

ＪＲというと鉄道がメインだと思われるだろうが、売上の6割を鉄道以外の事業で上げている。博多と韓国をつなぐ高速船「ビートル」、東京・赤坂にある「うまや」などの外食店、不動産、農業、ドラッグストアなどその分野は多岐にわたる。

順風満帆だったわけではない。

国鉄分割民営化からＪＲ北海道、ＪＲ四国とともに「三島《さんとう》ＪＲ」と中央では称され、逆境と屈辱を味わった。

幸いだったのは、当時の社員全員が「このままではＪＲ九州は必ず潰《つぶ》れる」という強い危機感を共有できたことだ。鉄道事業だけではいずれ立ちゆかなくなる、新たな活路を見出さなくては。この思いをともにして、ちょっとやそっとうまくいかなくても歯を食いしばりながら、明るく前向きに日々の仕事に取り組んだ。

逆境となると、もう夢しかなかった。

大きな夢も小さな夢も、みんなとはたしたときの嬉しさは、どれも格別のものだった。

そんな時間を経たからこそ、いまの私が最も大切にしているもの。

それは、**「感動のない仕事は仕事ではない」**という思いだ。

しかしいま、世を見渡してみると、毎日の生活や仕事のなかで、それほど感動することも、また感動させることも少なくなってきてはいないだろうか。

もちろん、感動体験がまったくゼロになったわけではない。

スポーツを観戦して感動と熱狂のなかに身を置くこともある。歌手のライブコンサートで総立ちになって声援を送ることもある。テレビドラマに釘づけになって涙を流すこともある。卒業式で同級生との思い出が心によみがえることもある。

そうした特別な「イベント」で感動したり感動させたりすることは、いまの時代にもたしかにある。

ただ、日常生活のなかで感動の大きさと頻度と持続性が確実に小さくなっている気がしてならない。感動が小さいし、少ないし、続かない。

特に、経営においてそれは顕著だ。感動を与えたり、受けたり、すなわち「感動を授受」する力が弱くなっている。

ソニーが1979年に「ウォークマン」を世に出した。あのときの世間の驚きぶり、感動の大きさは相当なものだった。

ソニー側の「大いに感動させるぞ」という意気ごみと、消費者側の「絶対に感動してやるぞ」という盛り上がりが大きなエネルギーをつくり出し、そのうねりが世界中に広がっていった。

トヨタが1997年に世界初の量産ハイブリッド乗用車「プリウス」を発売したときもそうだった。世界がどよめいた。驚異的な燃費と予想をはるかに下回る価格設定に強く感動していた。

「21世紀に間に合いました」

このキャッチコピーも、私たちの心をがっちりとつかんだ。

あのころの企業は、いかにしてお客さまに感動を与えるか、そのことに全力投球していた。

いまもそうしているというひともいるだろう。

でも私にはやはり、このところの日本企業がつくり出す感動は小さいし、少ないし、続かないように思われる。

あのころはお客さまも、今度はどんな感動を提供してもらえるのかと期待に胸を躍らせていた。そういった期待も、最近はしぼんできているように見えるのだ。

企業のなかに目を向けても、やはり感動の授受機能が衰えてきたと感じる。

本来、部下とは、上司に何か提案を行うとき、その内心に「上司をあっといわせたい、感動させたい」という企《たくら》みを抱いているものだ。

上司は上司で、部下の提案に少々苦言を呈しながらも、企画の斬新さとスケールの大きさに感心する。

「よくここまで考えたな。見事だ」

逆の立場もある。

トップは、部下を感動させるために企業の夢を語る。部下はその夢に感動し、そのトップについていこう、その夢の実現に向かおうと、全力を尽くす。部下の感動は「意気に感じる」という気持ちと行動に変わっていく。

かつての日本企業では、感動する者と感動させる者のコミュニケーションがとても高いレベルで成立していた。

それが、いまはどうだ。低位安定に落ち着きすぎている。


経営は、ひとに感動を与えるためにある。

経営は、感動することからはじまるのだ。


こんな思いで、本書『感動経営』を書き上げた。

この一冊で、読者の皆さんを感動させることができたなら、私もまた書いた者として感動することができる。

ぜひ、素晴らしい感動の授受を。

2018年9月

九州旅客鉄道株式会社 代表取締役会長　唐池恒二

もくじ

感動経営

第3章 仕事は**楽しむ**もの

第4章 仕事とは**伝える**こと 195

第5章 仕事とは気づくこと

第7章 仕事とは**時代**を読むこと 283

第1章

仕事はひとを**感動**させる

1

感動のない仕事は仕事ではない

最高競争率316倍！
コネもツテも通用しない抽選、そして当選通知

「おめでとうございます！　当選しました」

受話器の向こうでは一瞬沈黙がある。しかし、すぐに驚きと感激の言葉に変わる。

「えっ、ほんとうですか。ななつ星に当選したんですか！」

ななつ星は半年に一度、1か月間、予約受付期間を設けている。

4月にはその年の秋から翌年春までの、10月には翌年春から秋までのそれぞれ半年分の予約を受け付ける。

２０１３年10月の運行開始以来ずっと、予約数が定員よりもはるかに上回っている。**過去最高競争率はＤＸ（デラックス）スイート（７号車の最高客室）の３１６倍で、当選するのは宝くじのごとき難関**となっている。

そこで約１か月間の予約受付期間のあと、出発日ごとの抽選となる。２０１７年11月17日の『日経ＭＪ』の一面に、「『世界の王』でも断る覚悟」と掲載されたが、コネもツテも通用しない。厳正な抽選で当選者を決めるのだ。

抽選翌日の朝10時ごろから、当選されたお客さまに、**ツアーデスクから直接電話**で伝える。冒頭の会話は、そのときのやりとりだ。

ツアー前20回の電話が気持ちを高める

ツアーデスクには、ななつ星のことを熟知した5名の女性スタッフがいる。

前日の抽選で当選されたお客さまに、5名のスタッフが手分けして順番に連絡をしていく。ひとりのスタッフがお客さまに当選を伝えるとき、ほかのスタッフは何もせずに、電話中のスタッフのまわりに集まる。

電話中のスタッフが明るい声で、「おめでとうございます」と言ったと同時にほかの４名のスタッフが**一斉に拍手**をする。

受話器の向こうのお客さまは、「おめでとうございます！」という言葉と、「当選しました」という言葉にまず驚き、非常に感動する。

同時に、聞こえてくる拍手で感動が増幅される。

驚いたあとのお客さまの次のセリフや反応に、今度はスタッフが逆に感動する。

「ああ、よかった！　これで両親に親孝行ができる」

「夢じゃないでしょうね。嘘じゃないでしょうね」

「嬉しい！　何度も申しこんだけど、当たらないからあきらめていたの。ありがとうございます」

なかには、突然、感激のあまり泣き出して、何度も何度もスタッフに感謝の言葉を繰り返すひともいる。そんなときは、スタッフのなかにも、もらい泣きする者も出てくる。

ななつ星の旅の感動は、ツアーデスクから当選の連絡を受けたときからはじまる。

お客さまとツアーデスクとのやりとりは、これで終わるわけではない。

この日から数か月の間、通話回数にして20回ほど、何度も心を通わせることになる。

数日後に、改めてＪＲ九州から正式な当選通知を郵送する。

ツアーデスクのスタッフは、**一通一通に心をこめて宛名書き**をする。半年分だから封筒の数が数百枚となる。それをすべて手書きにするから相当な手間だと思うが、スタッフは楽しそうに筆を執っている。

トップの私は、**当選通知書一枚一枚に自筆で署名**することにした。

もともと字がヘタで、書くことがあまり好きではないが、スタッフの楽しそうな宛名書きを見ると、これは自筆でないと、スタッフは許してくれないだろうなと思い、ほとんど**半日かけて万年筆と格闘**する。

当選されたお客さまにすれば、ななつ星のことをもっと知りたい、という気持ちが強くなる。当選の第一報の日以降、お客さまはツアーデスクに頻繁に電話をかけてくる。

「料理は何が出るの」

「車内でタバコは吸えるのか」

「ドレスコードは？」

「出発の前日に福岡に入ろうと思うが、ホテルを紹介して」

とまあ、よくある質問はこんなふうだが、お客さまはひとつめの質問のあと、次々とさまざまな疑問をツアーデスクに投げかける。ツアーデスクのほうは、ひとつひとつの質問に対して丁寧に答えを返すわけだ。

乗車前から高まる感動

ツアーデスクのほうからも、乗車前に随時、お客さまに電話をかける。ななつ星の乗車にあたっての留意点などを説明するとともに、お客さまの状況や趣味、嗜好などを差し支えない範囲で尋ねる。

「食べもので嫌いなものや、アレルギーのあるものはございませんか」

「車内では、ピアノとバイオリンの生演奏がありますが、お好きな曲のリクエストはありますか」

「結婚記念日や銀婚式など、お客さまの記念日があれば教えてください」

出発日が近づいてくると、

「出発まであと1か月となりました。何かご不明のことはございませんか」

「いよいよ、1週間後となりました。ご準備は進んでいらっしゃいますか」

ツアーデスクには、出発日が近づくにつれ、お客さまの期待感が大きく膨らんでくるのが伝わってくる。乗車する前から、感動が高まっているようだ。

お客さまから届いた感動の手紙

実際、お客さまのなかには、ななつ星の乗車を目標に体調管理に努められる方も多い。ななつ星の車内が全室禁煙だとツアーデスクから知らされると、タバコを吸っていたお客さまが、乗車までに禁煙生活に慣れるよう努力しているという話もツアーデスクに届く。こんな手紙もツアーデスクに届いた。

高齢で病弱の父は、ななつ星の当選を聞いてからみるみる元気になっていくのが、娘の私にもわかります。父は、ななつ星に乗ることを人生の目標にして頑張っているような気がします。以前は、足が弱っていて歩くのもつらそうでしたが、いまは毎日家のまわりを一回1000歩ずつ歩こうと思い立ち実行しています。最近では、かなり楽に歩けるようになりました。

この手紙をツアーデスクから見せてもらった私は、何か熱いものがこみ上げてきたものだ。

(ななつ星というのは、ひとを感動させる仕事なのだ)

ツアーデスクとの初対面でまた笑顔、涙

出発日の朝。

ななつ星のお客さま専用に設けられた博多駅のラウンジ「金星《きんせい》」にお客さまが続々とやってくる。

ラウンジのあちこちで、感激の〝再会〟シーンが繰り広げられる。

「あらっ、あなたがツアーデスクの井上さん、しょっちゅう電話でお話をさせていただいてありがとう。あなたに会いたかったの」

相手のことを声でしか知らないお客さまとツアーデスクの〝再会〟。数か月間、電話で何度もやりとりをしていたものだから、互いにすっかり昔からの親しい知人のような気になる。

ななつ星の旅。ななつ星の感動。

それは、当選の第一報を電話で聞いた瞬間からはじまる。

感動のない仕事は仕事ではない。

2

音楽はひとの心を動かす

号泣のＢＧＭは一流奏者のバイオリン

音楽ほどひとの心を揺さぶるものはない。

なつ星の３泊４日の旅で、車内の感動が最高潮に達するのは、４日めの夕方だ。博多駅を出発し、九州を一周して４日めにまた博多駅に帰ってくる。

博多駅到着の１時間ほど前に、１号車のラウンジにお客さまが集い、みんなでフェアウェルパーティを行う。パーティといっても、どんちゃん騒ぎをするわけではなく、４日間の旅の思い出に撮っておいた写真を、スタッフたちが大急ぎでスライドショーに編集し、スクリーンに映写して、みんなで観賞するというものだ。

お客さまたちは、旅の感動を改めて確認するように熱心に、そして楽しそうだけど、もうすぐ終わりであることを噛み締めながら、えもいわれぬ表情でスクリーンに釘づけになる。お客さまのため息や感嘆と、車輪の音に、ななつ星オリジナルの曲を奏でるバイオリンの生演奏が重なる。

時間にして、7~8分というところだろうか。

スライドショーが終了する少し前からお客さまたちの醸す空気は、いよいよしんみりとしたものとなってゆく。映像が終わるとともに、ほとんどのお客さまが涙を流しはじめる。半分くらいの方はもう、いわゆる号泣である。

4日間の感動と、いよいよこの旅を終えてしまう感傷が交じりあった感情がこみ上げる。その感情にバイオリンの演奏が拍車をかける。心を揺さぶる。

何度となく、その状況に立ち会ってみて思う。

きっとバイオリンの演奏がなければ、そこまで心が動かされて、ここまでお客さまは泣かれないだろう。号泣まではきっとされないだろう。

歌詞どおりに結婚した社員も

私のカラオケのレパートリーはおそらく2000を超える。努力したわけではない。物心ついたときから歌が大好きなのだ。

音楽は、ひとを感動させたり、ひとをその気にさせたりという作用において、最も力をもつ。

世界中のどの軍隊も音楽隊をもっている。

軍隊で楽隊の音楽は、士気を高め、規律を促し、ものごとのはじまりと終わりを明確に伝えたりもする。戦争映画にしばしば登場する起床ラッパに進軍ラッパなどは、その最もシンプルな音楽の活用例だろう。音楽は記憶にも大いに作用する。

学生時代、初恋の思い出、社会人になりたてのころの気持ち、苦労を重ねた仕事の数々。その当時に流行った曲やよく口ずさんだフレーズを耳にすると、まざまざといろいろなシーンを思い出すことがある。

私の場合は、加山雄三さんの『お嫁においで』を聴くと、高速船の航路を博多〜韓国・釜山間に開設したころの苦労した時期を思い出す。不安定な天候に翻弄されて、船の就航率がなかなか上がらない。

社員の士気も、放っておくと下がってしまいそうなとき、私はアフターファイブでこの曲をしばしば歌った。

♪もしもこの舟で　君の幸せ見つけたら　すぐに帰るから　僕のお嫁においで

100%明るい、根っから明るいメロディで明るい未来を見据えた歌詞のこの曲をみんなとともに歌い、新しい事業で自然環境も困難だが頑張ろう！　と誓いあった。

余談だが、歌詞のとおり、この船の職場の社員同士のカップルが誕生し、めでたく結婚までたどり着いたのも数組ある。

替え歌をみんなで合唱して奮い立つ

赤字だった外食事業の立て直しに取り組んだときも、店長たちの気持ちを奮い立たせ、楽しく元気に仕事ができるようにと音楽を活用した。

みんなの頑張りで、なんとか黒字化が目の前に見えてきたころ、会議で当時のヒット曲の替え歌をつくって披露した。

当時、ダウンタウンの浜田雅功《まさとし》さんが主演の人気ドラマ『明日があるさ』の同名の主題歌をもとに**21番までの替え歌**をひねり出した。その〝作詞〟は私。

浜ちゃん演じる中年サラリーマンが苦境に立たされたときも明るく元気にそれを乗り切っていくという、痛快な人情ドラマだった。そこのところが、赤字からなんとか脱却しようと店長たちが必死に戦っている姿とイメージとして重なった。

店長会議ではじめて披露し、その後も懇親会の席で、みんなで合唱したものだ。

♪明日があるさ　明日がある
若い会社にゃ　夢がある
いつかきっと　いつかきっと
ナンバーワンになるだろう
明日がある　明日がある　明日があるさ

♪赤字が3年続いたダメ会社
もうこれっきりかと思ってた
だけど去年　それが去年

4年ぶりの利益を出した
利益が出る　利益が出る
これからも利益が出る

♪気迫だ　スピード　手間かけろ
本社はいろんなことゆうけれど
それがどうした　それがどうした
だけどもお店がよくなった
お店が元気　お店が元気
お店が元気になった

♪レストランの店長　動物園
ゴリラもいれば馬もいる
チンパンジー　マントヒヒ
メガネザルに獅子もいる
誰がどれとか　誰がどれとか

口がさけても言えないけれど

♪強いお店になるために
日本一になるために
声をだすぞ　走り回るぞ
お店に気を満たそう
手間をかけよう　スピード出そう
見えたぞ　ナンバーワン

※一部抜粋

いまになって当時の社内報を眺めながら、よくもまあ、そんなものを本気になって熱心に考えたものだと苦笑するばかりだが、みんなで飲み、歌い、笑い転げ、夢を見ながら日々の仕事に打ちこみ、やがて夢をはたしたことはまぎれもない事実だ。

最近では、カラオケでよくアニメソングの『キン肉マンGo Fight!』を歌う。

♪ああ心に愛がなければ　スーパーヒーローじゃないのさ

3

思いと手間が感動を呼ぶ

２０１３年10月に九州で走り出した、豪華寝台列車、ななつ星。

７両の客車にゲストルームは14室。３泊４日のコースは毎週火曜、１泊２日のコースは毎週土曜に博多駅を出発し、九州をぐるっと回ってまた博多駅へと戻ってくる。

運行開始以来、おおむね半年を一期とし、時を経てサービスの進化、こまかなコースの見直しなども着々と重ねながら、２０１８年10月には13期めのお客さまを迎える。

この間には、熊本地震や豪雨災害などもあったが、ありがたいことに、ななつ星はずっと多くの支持をいただき、（たいへん申し訳なくも）抽選に漏れた多くのお客さまをお待たせしている。

博多駅のホームに入ってくるななつ星

外観、インテリア、そしてランチと続く感動

ななつ星にお乗りいただくことになったお客さまが、まずはじめに感動されるのは、博多駅のホームに入ってくるななつ星を目にしたとき。古代漆色の輝きに「あぁ」とか「おぉ」と目を丸くされる。

次に、列車に乗りこむと、車内のインテリアにさらに目を見張る。今度は「はぁぁぁ」と大きくため息をつく。

そうこうしているうちにランチタイムがやってくる。

ダイニングカーに入ると、寿司職人が寿

司台の前で寿司を握っているのを見て、「まあ！」と立ち止まる。

テーブルに着くと、一貫一貫握りたての寿司が届けられる。折り詰めではなく、**寿司職人が目の前で握った寿司が、そのままテーブルのうつわに盛りつけられる。**

ななつ星のお客さまは皆、おいしいものに目がない方ばかり。

そしてレストラン事情に詳しい方も多くいる。

お寿司を握っている人が「やま中《なか》」の大将だと知ると、皆さんの興奮はますます高まる。

「列車の中で、こんな贅沢な食事に出合うなんて！」

大将が一貫一貫、握っていく寿司にこめた思い。

列車の中で寿司を握るという手間。

この得がたい2つのことから、お客さまは強い感動を受ける。

思いをこめ、手間をかけたものがもつ力。

その力が、お客さまを感動させるのだ。

博多一の寿司店の大将がじかに握る

寿司職人が目の前で握った寿司が、そのままテーブルに

「やま中」とは、福岡を代表する寿司店である。

こちらの大将・山中啄生《たくお》（77）さんとはずっと以前より懇意にさせていただいている。ななつ星が運行を開始するとき、嫌がる大将を説得して、ななつ星の食事にお寿司を提供してもらうことにした。

なぜ、大将が嫌がったのか。ななつ星で提供するお寿司は、折り詰めではない。列車の中で、**お客さまの目の前**で握ったお寿司を提供する。しかも、握るひとは、**大将そのひと**なのだ。

3泊4日コースの1日め、火曜のランチに、大将がななつ星に乗りこみ、お寿司を握る。その時間帯に大将は、「やま中」本店にいられないことになる。ななつ星のために自分の店を犠牲にすることになるのだ。

大将が嫌がるのは、当たり前。

それでもランチだけだからと、なんとか頼みこみ、ついに大将に承諾してもらった。

しかし、少しの時間だけお店を離れてもらえばいい、という私の考えは安易で間違っていたことに、運行開始後すぐに気づくことになる。

ななつ星に乗車する日、大将は朝5時半ごろに起床する。

すぐに魚の仕入れのために市場へ向かう。魚を選び、市場から店に戻ると、仕入れた魚を寿司ネタとして仕こむ。

列車は揺れるから、なるべく車内で包丁を使わないようにするためだ。

それから、午前9時にネタとシャリを抱えて、JRの車両基地でななつ星に乗りこむ。そして、車内の板場でお客さまを迎える準備に入る。

大将が準備をしているこの間、列車は車両基地から博多駅に移動し、午前11時すぎにお客さまを乗せて博多駅を出発する。

大将が12時までに最終の準備を終えると、お客さまは食事場所の1号車のラウンジカー、2号車のダイニングカーに集まり、ランチタイムがはじまる。

乗車したばかりのお客さまの心をぐっとつかんで、感動と甘いシャリの香りに包まれるランチタイムは午後2時ごろに笑顔のうちに終了。

大将は粛々とあと片づけを終えると、引き連れている若い衆ふたりとルート途上の日田駅で列車を降り、駅前の食堂に飛びこむ。

その後、ひと息つく間もなく、大将たちは博多駅へ在来線で急いで戻る。

夜には、博多きっての名店の味を目当てに、うまいもの好きが、またわんさかと集まってくるのだ。

最高の職人が空腹のまま握る極上寿司

お昼の時間、だいたい2時間ほどお店を離れてもらえばいい、と安易に考えていたのが大間違いだった。

私たちは、朝の5時半から14時すぎまで、なんと9時間近くも大将を、ななつ星の食事のために拘束していたのだ。

あるとき、大将はそんなことは当然だと首を振りながら、おいしいお寿司の秘密をひとつ話してくれた。

「朝起きてから、列車を降りて駅前の食堂に飛びこむまで、米の一粒も口にしません」

朝食もとらず、口にするのはせいぜいコップの水一杯だけ。**空腹のまま仕事に専念する**のがいいという。

「寿司職人というのは、寿司を握るとき、空腹状態にしておかなければいけないと、若いころ師匠から教わった。満腹だと、握っている寿司を見ても、自分が食べたいと思わない。おいしそうとも思わない。空腹なら、握っている寿司がとてもおいしそうに見えてくる。**この寿司はおいしいぞ、おいしいぞと念じながら握る寿司がやはりおいしい**」

早朝から14時すぎまで、大将たちは腹ペコで最高の集中力と「氣」に満ちた状態でお寿司を握る。

そして、仕事終わりの駅前食堂での食事がただのそばでも、なんともたまらない味に感じられるとも。

思いをこめる、とはこのこと。

「やま中」の大将の話を聞いて、すとんと腑に落ちた。

お客さまがどうして「やま中」のお寿司にあんなに感動するのか。
さらに深く理解できたような気がした。

味は測れないが、手間なら測れる

「やま中」の寿司だけでなく、ななつ星の料理には、この思いと手間がぎっしりと詰まっている。

思いと手間が詰まった料理だから、ぜひななつ星のお客さまにと、私たちがオファーしたものばかりだ。

その基準は、外食事業に従事した時代にたどり着いたある確信に基づいていた。

お客さまが喜ばれる究極のメニューとは。

その答えこそが**「手間」**だった。

あるレベル以上の料理は、絶対にそれなりに美味である。

その美味をどれほど「おいしい」と感じるかは、食べるひとの好みや生まれ育ちの背景、いまの生活環境、体調など、さまざまなものに左右される。だから、どうしても評価は分かれる。測ることが難しい。

しかし、手間はわかる。

どれほど手間がかかっているかを測ることができる。

さらにいうなら、そのシェフや料理人がいままでどれほどまわりから手間をかけられ成長してきたか、みずからどれほどの思いをこめて仕事の技術を磨いてきたかを、その手間のかけ方で確かめることができる。

味でなく、**思いと手間**。

感動させる仕事は、思いと手間がすべて。

あるレベル以上のすべてのことに共通する法則だと思う。

4

「序・破・急」が感動をつくる

〝神社参道論〟と松下幸之助氏のスピーチ

神社の玉砂利には意味がある。

神道《しんとう》には、音で清めるという思想があるので、ジャリジャリと音を立てて歩くほどに参拝者は清まっていくという。

それゆえなのか、ありがたみのある神社ほど参道が長い。いろんなお店が並び、松が植えられ、池もあって、川もある。本堂にたどり着くまでのそのプロセスがすでに楽しい。

私はこれを**〝神社参道論〟**と呼んでいる。

贅沢な道こそ長い。**いちばんの贅沢は長く歩かされることだ。**

神社といえば、雅楽がある。

ここから出た言葉に**「序・破・急」**というものがある。

「序」が無拍子かつ低速度で展開され、太鼓の拍数のみを定めて自由に奏でられて、「破」から拍子が加わり、「急」で加速が入り、一曲3部構成を成す。

つまり、ゆっくり静かにはじまり、やがてテンポが速くなり、最後に加速がつき、たたみこむようにクライマックスを披露する。

経営者のスピーチでいえば、松下幸之助氏。

漫才でいえば、夢路《ゆめじ》いとし・喜味《きみ》こいし両氏のコンビ。

思わず耳を澄ましてしまうような静かな声にはじまり、やがて立て続けに理論やエピソードあるいはネタが展開され、最後に要点あるいはオチへとなだれこむ。

いいもの、ひとの心を打つもの、感動を与えるものには、「序・破・急」が成立している。

学問の神さまだって「序・破・急」の先にいる

伊勢神宮などは、私にとって〝神社参道論〟の最たる実例で、正式に「神宮」と称される唯一の存在そのままに、荘厳かつ広大長大な参道が内宮《ないくう》、外宮《げくう》ともに入口から正殿《しょうでん》まで続く。福岡にある宗像《むなかた》大社は２０１７年、『神宿る島』宗像・沖ノ島と関連遺産群」としての世界遺産登録で話題になったが、私はその歴史的な格式の高さに比べて参道がちょっと短くて不満である。

一方、太宰府《だざいふ》天満宮は参道が長く、とても楽しい。実際、「学問の神さま」頼みの受験生のみならず、国内外から多くの参拝客を集めている。

また、古今東西を問わず、位の高い家、財を成した家は門から入ると、非常に長いアプローチがお約束で、一家の方々はその長さを誇りに思っている。

鉄道でいえば、少し前まで東海道新幹線の多くには8号車あたりに食堂車があって、長ければ8両分くらいを歩かされるのを乗客は皆、どこか楽しんでいたフシがある。

新幹線だと一両の長さがおよそ25メートルだから、２００メートルを楽しんで歩いていたことになる。

ジェームズ・ボンドもヒントをくれた

ななつ星の最も高額なＤＸスイートの車両は、**最後尾7号車**にある。

めくるめく景色が視界の向こうへ次々遠ざかっていく。

「30億円の額縁」とわれわれが呼ぶ車窓の眺めを独り占めできる特等席。

この特等席を、１号車で先頭車両のラウンジカー、２号車のダイニングカー（レストラン）から**最も離れた位置に置く**ことには反対意見も多かった。

しかし、いちばん価格が高いＤＸスイートを最後尾に配置すれば、唯一ほかのお客さまが通路を往来しない環境となる。また、食事の時間には、ＤＸスイートのお客さまがレストランに最後に登場することになり、演出的にも悪くない。車窓の眺めも最上級。そもそもななつ星の車両は20メートルだから、５両分で１００メートル歩くなど、なんてことはない。

ひととおりそう話すと、誰もが最後には納得してくれた。

歩いて楽しい列車にする。

この命題を前に、デザイナーの水《み》戸《と》岡《おか》鋭《えい》治《じ》さんが少々悩まれたので、私は映画『００７ロシアより愛をこめて』で、ジェームズ・ボンドが大男から逃げるシーンを例にイメージをお伝えした。

１号車で先頭車両のラウンジカー

最後尾７号車のDXスイート

ボンドは、オリエント・エクスプレスの通路をジグザグに逃げる。

これがカッコよかった。

そしてよく考えてみたら、一両ごとに客室の左右位置が入れ替わるので、ジグザグに逃げたのだと気づいた。

つまり、車窓の左右も一両ごとに異なり、見える景色も車両ごとに変わることになる。

九州を行く路《みち》ならば、かたや海の碧《あお》、かたや山の蒼《あお》。

両方の風景を均等に見られるということは、複数の車両を長く歩くほどに楽しい眺めが提供されることを意味する。

ここには、ありがたい神社の参道と同じく、クライマックスへの「序・破・急」があるのだ。


神社には、もともと社格というものがあり、その格が高いほどに壮大で、参道も長く楽しいつくりになっているように思われるところも少なくない。

いま、ななつ星のホームページには**「ロイヤルワインレッドに映えるエンブレム。旅の品格をまとう7客車。」**というコピーが記されている。

ついでにいうならば、「旅の品格を表す100メートル」といったところだろうか。

5

感動するひとこそ、ひとを感動させる

上司は感動してからハンコを捺《お》せ

仕事は感動にはじまり、感動に終わる。
仕事の目的は、誰かを元気にすることだ。
医者なら患者を。
役者なら観客を。
作家なら読者を。
レストランならゲストを。
JR九州なら乗客を。

すべての仕事は、ひとを元気にするためにあるといっていい。

そして、ひとを元気にする仕事には、ひとを感動させる要点、見せ場が必ずあるものだ。

そういう仕事をある社員が企画し、資料を書いたとする。

その資料がまともに書けていたとしたら、それは直属の上司からまず感動させることになるだろう。

「よく思いついたな」

「そして目的も方法もはっきりしている」

「実際にそれを行ったときの様子も容易に想像できる」

「見事だ！」

ポン！

稟議《りんぎ》のハンコはさようにして捺されるべきものである。

極端なことをいうと、ほんとうは少しも感動しなかったら、上司はハンコを捺してはいけない。

上司は安く感動してはいけない。うるさい客でなくてはいけない。

ななつ星開業後に届いた一通の手紙

お客さまに元気と感動を、とつねに考えていると、想像力やアイデアが自然と湧いてくるものだ。

ななつ星のクルー（乗務員）たちは、お客さまが何を求めてこの列車に乗られているのかをつねに考える癖がついている。

彼らのオフ会などに参加してみると、クルーのOB、OGも交えながら、いつまでも飽くことなく議論をしている。

「ななつ星らしい特別なサービスとは何か？」

「ななつ星のお客さまにとって最も嬉しいことは何か？」

「走りはじめたときと現在で、変わってしまったことはないか？」

私などは、ときおり飛んでくる質問や意見に心中備えながら、目を細めるばかりである。

そんな、ななつ星が走り出して間もないころ、旅を終えたお客さまから一通のお手紙が届いた。

3泊4日の旅ではたいへんお世話になりました。特にクルーのWさんには感動の涙をいただきました。それは……いまは亡き夫と30年前に由布院を訪れた際、二、三日前よりの大雨で豊後竹田《たけた》には行けず、バスで迂回をした思い出話をしました。それを聞いたWさんは、ティーセットを2個用意し、かぶっていた帽子をテーブルに置き、「ご主人様と思って、開通した線の旅景色を楽しんでください」と言われ、去ってゆきました。私は感動で涙しました。

感動して感動させた経験は、どんな仕事でも生きる

このお客さまの思い出を聞いたW君は、クルー仲間と相談し、このようなおもてなしを決めたという。

後日このお手紙が寄せられ、社員たちも知るところとなったのだが、これはやはりななつ星という職場がW君に、仕事と感動についてよく考える機会を与えたのだろうと思う。

W君はいま、ななつ星から異動となり、別の路線区でバリバリ日焼けしながら働いているが、ななつ星のような特別な空間でなくとも、「お客さまにどういった感動を届けられるかをつねに考えている」と、先日のオフ会で元気に話してくれた。

このときのW君は、亡きご主人との思い出を語ったお客さまのお話に感動したから、そのお客さまを感動させることができたのだ。

自分で感動できない人間は、ひとを感動させられない。
仕事ができるひとは、感動できるひとだ。

私はいつもそんなことを考えながら、「おっとっと、上司は安く感動してはいけない、うるさい客でなくてはいけないんだ」などとも思い返したりしながら、稟議の書類に目を通しているのである。

第2章

仕事はひとを元気にする

6

「挨拶、夢、スピード」が組織を元気にする

〝無謀な先発隊〟を命じられ続けた

どうすれば、組織が元気になるのか。

このことをずっと考え、働き、行動し、実行してきた。

どういうわけだか、私は若いころから、新規事業や赤字事業の仕事を与えられることが図らずも多かった。

JR九州は鉄道会社のくせに、船舶事業に乗り出したり、外食事業に食指を動かしたり、「無謀な」と形容されるまでに経営の多角化に挑戦していった。もちろん未来を見据えるならば、鉄道事業だけでは必ず潰れてしまう会社だったからである。

私は、そういう運命のなかで、〝**無謀な先発隊**〟をたびたび命ぜられた。

なかでも印象深いものは、船の仕事と外食の仕事だった。

船舶事業部では、国際航路（博多港〜韓国・釜山港間を結ぶ航路）を開設した。

開設するところまでは奇跡的なスピードで成し遂げたが、営業を開始してから数年間は、悪天候に泣き、就航率がなかなか上がらず、乗客数の伸びもはかばかしくなく赤字で苦しんだ。事業部がスタートしたころは、みんな「新しい事業を見事につくりあげるぞ」という気概に燃えていたが、赤字が続くと職場がときおり意気消沈するのを感じた。

外食事業部では、部の次長を拝命した当時の**赤字が8億円**。売上二十数億円という数字からすると、気の遠くなるような数字が目の前にあった。赴任当時の店長会議にはあきらめムードが漂っていて、店長たちにどことなく元気がないように思われた。

さびしいひとを、放っておけない、さびしがり屋

私は、かなりのさびしがり屋だ。

ひとりぼっちになったとき、さびしく感じるというのではない。

まわりのひとたちが元気なく、さびしそうにしているのを見ると、自分までさびしくなる、という種類のさびしがり屋だ。

この種のさびしがり屋の性分は、元気のないひとを見ると、エネルギーが湧きあがってくるというもの。もはや本能といえるかもしれない。

「なんとか、この元気のないひとを元気にしたい」

この湧き出る思いはどうしようもない。

若いころ、小さな宴席などに顔を出していてもそうだった。

5、6人ほどの宴席でわいわいと騒ぎながら、話の中心にいていちばんしゃべるのが私。ジョークや小噺《ばなし》を飛ばしながら、誰よりも面白いスベらない話をしようと夢中になり、何も食べない、何も飲まないことも多かった。

(たぶん〝割り勘負け〟していただろう)

そうこうしながら、ふと隣の席の友人A君を見ると、なんとなく笑いが少ないことに気がつく。笑っていても心から面白がっているふうではない。ほかの友人たちと比べて口数も断然少ない。

こんなとき、私の本能が目を覚ます。

新しい話題を提供して真っ先にA君のほうに顔を向ける。

「で、A君どう思う、いまの話」

発言の機会をA君に与えると、それまで聞き役に徹していたA君が重い口を開く。一度口を開いたら、もうA君は会話の中心にぐっと入りこんでくる。笑うときもほんとうに楽しそうに笑う。

(私が飛ばすジョークへの反応も、はなはだよろしくなる)

そんな短時間のうちのA君の変貌を見て、私も安心する。心から嬉しくなる。会はいっそう盛り上がり、私もますますジョークが冴《さ》えてくる。

(たぶん)

船舶事業部でも外食事業部でも、さびしいひとを放っておけないこの私の性分がぐぐっと頭をもたげ、頭をフル回転させることとなった。


どうすれば、みんなが元気を出してくれるのか!?

声とスピードで元気と「氣」を引きこむ

宴席のA君を会話のなかに引きこむのはそれほど難しくなかったが、職場や組織を元気にするのは容易なことではない。

そんなときは、小難しい方法論や理論ではなく、シンプルかつ効果が高い方法に限る。

シンプルかつ効果が高い方法、それはやはり**声を使う**ことだった。

「右よーし！　左よーし！」

もともと鉄道会社の私たちは、指差し確認の使い手であり、プロである。

（業界用語では正しくは〝指差呼称《しさこしょう》〟という）

船舶事業部では、つね日ごろから職場を明るく楽しい雰囲気にするように努めながら、朝からまず大きな声で挨拶を交わすようにもっていった。

挨拶は、スタッフたちの元気を確認する手段ともなる。日を追うごとにお互いの元気を指差呼称よろしく確認しあう。すると、挨拶の声が大きくなっていった。

外食事業部でも、同じ手を使った。

まずは店長とパート、職場の仲間同士の大きな声での挨拶を徹底。

そして、お客さまを迎える店舗では「いらっしゃいませ！」と大きな声で挨拶。

さらには仕事のスピードが速いこと、きびきびとした動きを奨励した。

そして全員で数字を共有し、赤字から黒字へ向かうという意志を「夢」としてぶち上げた。

するとたちまち、目に見えて店長やパートのスタッフたち、それぞれの店舗や職場そのものがぐぐっと元気になっていくことを実感できた。

どうしてか。

挨拶や夢、スピードが、私が長く信じる「氣」の力を最大限に引き出すものだったからだと思う。


「氣」は、目には見えないが誰もがもっている、心身の活動の源となる力である。


「氣」に満ちあふれたひとは、元気そのものだ。

逆に、「氣」が薄らいでいるひとは、覇気がなく力が湧いてこない。

社員たちに、職場に、お店に、「氣」を満ちあふれさせようとした結果、ひとりひとりも組織そのものも元気になった。

では、「氣」とはなんぞや。

7

「氣」はあらゆる元気のもと

『もののけ姫』の地に「氣」が宿る理由

ひとは誰でも「氣」をもっている。

ひとだけではない。組織や集団にも「氣」がある。

職場にも店舗にも「氣」がある。

自然界の「氣」がひとにもたらす効用もまた大きい。

古くからの神社のかたわらにある鎮守の森などは、まさに万象を鎮める「氣」に満ちあふれている。

九州の名所でいえば、映画『もののけ姫』に登場する森のモデルといわれる屋久島の白谷《しらたに》雲水峡《うんすいきょう》。屋久杉、江戸時代から残る御影石《みかげいし》の楠川歩道《くすがわほどう》、群れるように咲く花々。稀代のクリエイターを奮い立たせた「氣」が確かに満ちあふれている。

ななつ星も一部上場も「氣」の力

「氣」とは何か。

『広辞苑』を引くと、次のようなことが記されている（抜粋）。

天地間を満たし、宇宙を構成する基本と考えられるもの。
万物が生ずる根元。
生命の原動力となる勢い。活力の源。

つまり、「氣」とは、地球上のあらゆるところに存在し、さらにいうと、宇宙空間にも「氣」が存在している。

ひとが元気になるかどうか、活動が成功するかどうかは、宇宙にある「氣」をいかに自分のほうに呼びこんで、自分の周辺に「氣」を満ちあふれさせるかにかかっている。「氣」の力で病を治す気功術、「氣」の力で相手を倒す合気道は、まさにこういった考えに根ざしたもの。

そして、私の仕事のやり方もこの考えに根ざしたものだ。

うんと約《つづ》めて言ってしまうと、「氣」を九州に導き、取りこんだ成果が、ななつ星であり、東証一部上場だったのだ。

私は、20年以上も前から社内で、「職場に『氣』を満ちあふれさせよう」と訴えてきた。

「氣」に満ちあふれたひとは、勝利を手にすることができる。
「氣」に満ちあふれた職場は、元気になる。
「氣」に満ちあふれたお店は、繁盛する。
「氣」に満ちあふれた組織は、組織の中に活力がみなぎる。
企業であれば、業績が上がる。

JR九州の社員ならば、もう耳にタコができるほどに聞かされてきた言葉だ。

そして、社員たちは、この言葉どおりに大小さまざまな事業やプロジェクトが達成されたシーンも、そのまた逆のシーンも、目の当たりにしてきたはずである。

タイガースを18年ぶりの優勝に導いた「氣」

2003年、阪神タイガースが星野仙一監督のもと、1985年以来、18年ぶりのリーグ優勝をはたした。

前年までの10年間はほとんどBクラスに低迷していたチームが突如躍進したのだ。

この年のシーズンがはじまる前に、野球解説者たちによる恒例のペナントレース順位予想が各メディアで発表された。

ほとんどの解説者は、前年までの実績から阪神を優勝候補に推すことはなかった。せいぜいAクラス入りがいいところだろうと。

そのなかで、2人の解説者だけが、「今年のタイガースは面白いぞ。何かやってくれそうな予感がする。ひょっとしたら、優勝するかもしれない」と阪神の優勝を予想した。

その根拠が、2人ともじつは「氣」だったのである。

いわく、春のキャンプの練習中のグラウンドに「氣」が満ちあふれていた。守備練習ではノックをするコーチも、される選手も全員が元気な声を張り上げて、闘志をむき出しにして取り組んでいた。

交代や移動のときも、きびきびと動いて無駄がない。

元気な声、きびきびとした動き、闘志あふれる緊張感。

「氣」が満ちあふれていて素晴らしい！

さような次第で、２人の解説者だけが優勝候補に挙げたのだった。

なぜ「気」でなく「氣」なのか？

「氣」とは、もともと中国思想からきたものだ。

中国思想からくる「氣」の概念、考え方はじつは西洋にも同様のものがある。

「氣」は英語でいうと、「Energy」（エナジー）だ。

欧米のひとたちも、その「Energy」により、ひとは元気になったり意欲を高めたりしているのだと理解している。

ちなみに、私は「氣」の漢字を書くとき、「気」ではなく「氣」を使うことに心がけている。

「氣」は、中国でも18世紀前半まで使われていた字で、日本でも１９４６年につくられた「当用漢字表」には、この「氣」が記載されている。

「氣」のなかに、「メ」ではなく「米」が入っている。「米」は八方に広がるという意味がある。

また、よく「あのひとからはオーラが出ている」とか、「この森からものすごいオーラを感じる」とかいうが、そのオーラがまさに「氣」だ。

「氣」というのは、まさに絵柄で表現されるオーラそのままに四方八方へと放射されてゆくものなのだ。

「氣」のなかに「米」が入っているもうひとつの理由は、日本人の主食である米は、大地の「氣」（エネルギー）を集めて実ったものだから、という話もあるようだ。

だからきっと、「氣」のこめられた仕事は、お客さまを笑顔にするのだ。

8 「氣」が満ちあふれる5つの法則

「氣」の集まるひと、逃げるひと

ひとは誰もが「氣」をもっていることは、前項でも述べたとおり。

しかし、ひとによってもっている「氣」の質量には差がある。

「氣」がどんどん集まってきて満ちあふれるひともいる一方で、「氣」がどんどん逃げていき、なんだかしょんぼりした雰囲気になってしまうひともいる。


たとえば、人気絶頂の俳優や歌手。

たまたま空港などで見かけることがある。彼（彼女）は目が輝いていて自信にあふれている。大勢のひと混みのなかにあっても、ひときわ目立つ。強烈なオーラが出ているのだ。

一方、数年前までよくテレビに出ていたのに、最近はあまり見かけないお笑いタレント。どうしているのかな、と思っていると、JRの駅などでばったり出くわすことがある。見るからに元気がなく、精気が感じられない。周囲のひとに埋もれてしまっていて、一応タレントなのにひとの目に留まることなく見逃されてしまう。オーラなどまったく出ていない。

このように、誰もがもっている「氣」だが、満ちあふれていくひとと薄らいで弱まっていくひととで差が表れてしまうのだ。

逆境でも、「氣」を集められる5つの法則

お店もそう。職場もそう。会社もそうだ。

「氣」の質量には差が表れる。

ではどうすれば、「氣」に満ちあふれた組織になれるか。

40歳のころ、毎年8億円の赤字を抱えていた外食事業部に異動した。毎日ウンウン唸《うな》って、社員やパートの皆さんと汗だくになり、黒字を目指していたなかである法則を見出した。

「氣」が満ちあふれる5つの法則を発見したのだ。

第1の法則は、夢みる力。

夢は、将来に希望を抱かせる。夢は、ひとを元気にさせる。

夢みる力で、進むべき方向とやるべきことが明確になり、組織の力が最大限に発揮されるようになる。

外食事業でいえば、この夢は赤字脱却、黒字化だった。

孫正義さんは、1981年にいまのソフトバンクの前身の会社を立ち上げたとき、創業初日に社員に夢を語った。

「**売上高は五年で一〇〇億、一〇年で五〇〇〇億**」

「**いずれは豆腐のように、一丁（兆）、二丁（兆）と数えたい**」

（井上篤夫著『志高く　孫正義正伝　新版』）

32年後、2013年度のソフトバンクの連結決算の数字を見ると、売上が**6兆円**を超えている。営業利益が、なんと、**1兆円超**だ。

夢みる力が、孫さんとソフトバンクの社員全員に「氣」を満ちあふれさせ、夢の実現にかり立てたのだ。

私も、ななつ星をつくるとき、車両づくりの職人たちに夢を語った。

「JR九州は、**世界一豪華な寝台列車**をつくるのだ」

一部のひとからは、「また社長は大風呂敷を広げている」という目で見られたが、大半のひとたちは、**「世界一」**という言葉にしびれた。

「世界一」という言葉に、職人たちが燃えた。職人魂に火をつけたのだ。世界一の車両をつくるために、自分たちがもっている最高の技術を惜しみなく投入してくれたのだ。

夢みる力が、職人たちに「氣」を吹きこんだのだ。「氣」を満ちあふれさせたのだ。


第2の法則は、てきぱき、きびきび、スピード。


日常の仕事でもてきぱきと迅速に進めていく。職場内を歩くときも、だらだらと締まりなくせずにきびきびと歩く。お客さまとのやりとりでも、**スピードを最優先**にしていく。

職場全体がきびきびとしたスピードある動きをすると、そこに「氣」が集まってくる。


第3の法則は、明るく元気な声。

挨拶は、お客さまに対しても、社員同士でも、明るく元気な声でないといけない。明るく元気な声が行き交っている職場や会社には、「氣」が集まってくる。お客さまには安心感を与え、営業増進につながる。社員同士では、コミュニケーションのはじまりとなる。

仕事の打ち合わせでも、小さな声でこそこそと話をしている職場には、「氣」が集まらない。電話もそうだ。ひそひそ話のように声を落として受話器に向かっているひとは、多くの場合ろくな話をしていない。どうかすると、何かやましいことをたくらんでいるかもしれない。

(長い会社生活のなかでは、ほんとうにいろんな社員に出くわしたものだ……笑)

第4の法則は、スキを見せない緊張感。

ある雑誌に、あなたのおすすめのお店を紹介してください、という特集記事があった。紹介者は女優や歌手、政財界の著名人、文化人などだった。興味深く読み進めていると、ある女優が小さなお寿司屋さんを推薦していた。

「このお店って、いつ訪れても**緊張感**があって、私たち客に**絶対にスキを見せない**のよ。だからこのお店いいのよね」

そうなのだ。**スキを見せない緊張感。**

いい店では、店員同士での私語などまったくあり得ない。

いつも店の中も外も整理整頓が行き届いていて、ぴかぴかに磨かれている。カウンターにもテーブルにも余計なものは一切なし。

店員も店も、ひたすらお客さまに集中している。**スキを見せない緊張感**がみなぎっている。

緊張感は、店だけでなく、ひとやあらゆる組織にも重要だ。

いい緊張感は、いい「氣」を呼びこむのだ。

第5の法則は、よくなろう、よくしようという貪欲さ。

日々、少しでも技能を上達させよう。

知識を増やそう。目標に向かって一歩でも近づけるようにしよう。

こんな弛《たゆ》まぬ向上心は、たくさんの「氣」を集める。

「氣」は誰にでも宿るが、その量は求めに応じて変わる。

そして、貪欲に「氣」を求めるひとには、**夢の実現というご褒美**が待っている。

9

「行動訓練」で連覇を成し遂げた"JR九州櫻燕隊《おうえんたい》"

指の先まで力強く美しくなる「行動訓練」

社長2年めに、社員全員で「行動訓練」をはじめた。

「氣」が満ちあふれる5つの法則を社内で唱え出してから、その法則をなんとか全社員で実践できないかとずっと考えていた。

あるときテレビを観ていると、日本体育大学の集団行動を紹介する番組が放送されていた。次々に繰り広げられる日体大の学生たちの集団パフォーマンスに目が釘づけになった。

きびきびとした動き。寸分のスキもない。緊張した空気がみなぎっている。一糸乱れぬとはこのことか。なんと美しい。しびれるような感動を味わった。

これこそ「氣」に満ちあふれた行動だ。

当社にもこの集団行動を取り入れよう。

日体大のレベルにまでは届かないだろうが、集団行動の基礎だけは全社員でやれるのではないか。

その基礎のところだけを「行動訓練」と称した。

社長である私も含め、すべての役員と社員が半年に一回、「行動訓練」を行うことにした。

「2列横隊にー集まれ！」

「気をつけ！」

「右向けー右！」

「まわれー右！」

一回1時間程度だが、けっこうハードだ。

新入社員には、入社直後の研修で約1か月間の座学の合間に「行動訓練」に取り組ませる。

彼らは一日3~4時間の「行動訓練」をこなしている。だから、新入社員の行動訓練のレベルは相当高い。

「行動訓練」の成果は、運転士や駅社員の安全確認動作に如実に表れるようになった。

指差し確認のときの姿勢やきびきびとした動作、指の伸ばし方などが、以前よりも格段に力強くかつ美しくなったのだ。

職場の空気にも変化が表れた。ぴりっとした緊張感がみなぎるようになった。職場に「氣」が満ちあふれてきたのであろう。

「行動訓練」から「YOSAKOIソーラン祭り」へ

「行動訓練」をはじめて2年めに、社員だけの集団ダンスチームを結成し、「ふくこいアジア祭り」に出場した。チーム名は、JR九州櫻燕隊《おうえんたい》。

「ふくこいアジア祭り」は、札幌の「YOSAKOIソーラン祭り」の流れを汲む集団演舞の大会だ。出場チームは80チームほどで、過酷な練習で鍛えられたレベルの高い常連組が毎年上位入賞となっている。

常連組のなかには、高校生ダンス大会の連続上位入賞校をはじめ有名な団体や集団も入っていて、社員だけで構成されるJR九州櫻燕隊がどこまで戦えるか少々不安であった。

初出場のJR九州櫻燕隊は、「行動訓練」の集大成ともいえる、硬派のパフォーマンスを披露した。

はたして、初出場ながら堂々の5位入賞を勝ち取った。

5位とはいいながら、観客を感動させた度合でいうと、優勝に匹敵するのではないかと会場内でささやかれた。そのとおりだと思う。

私が見ても、JR九州櫻燕隊の演舞は、「氣」に満ちあふれていた。

これも「行動訓練」の成果のひとつだ。

訓練を極め、YouTubeのヒットコンテンツに

「ふくこいアジア祭り」初出場から5年めに、本場の札幌の「YOSAKOIソーラン祭り」に殴りこみをかけた。

札幌では、40人未満のグループのなかで競うことになった。65チームが出場しており、そのうちおよそ8割が北海道内のチームだ。アウェイ状況での戦いとなることを覚悟して臨んだ。

さすがに本場だけのことはある。ほとんどが女性中心のチームで、カラフルな法被《はっぴ》など、和装をアレンジした衣装とキレのある演舞で観る者を魅了する。

「YOSAKOIソーラン祭り」で勝つための勘どころも押さえた演舞なのだろう。

優勝候補とされるチームのみならず、いずれもレベルが高い。

アウェイということを考えあわせると、入賞は難しいかもしれない。

JR九州櫻燕隊は男性と女性から成る混成チームで、鉄道員の制服をアレンジした紺色の硬派な衣装は大会で異色の存在だった。

入賞も難しいかもしれない。半ばあきらめはじめていた。

いよいよ、JR九州櫻燕隊の演舞がはじまった。

すると、「行動訓練」ふうのきびきびとした演舞に、北海道のひとたちが驚きの表情を浮かべている。少々荒っぽくいえば、**度肝をぬかれていた**。

審査員たちも目を輝かせて演舞に見入っている。

（ひょっとしたら、かなりいいところまで行くのでは……）

結果は、なんと**初出場初優勝**。

アウェイ、初出場といったハンディを克服して栄冠を勝ち取った。

そんなJR九州櫻燕隊の演舞は、まさに「氣」そのもの、そして「氣」のもたらした美しい成果だった。

後日談。

一度優勝するのも難しいことだが、連続優勝はもっと難しい。

ＪＲ九州櫻燕隊は、連覇を目指して翌年再び札幌の地に立った。

まさか〝よそ者〟が連覇を達成するなんてことを北海道のひとたちが許すわけがない。

すべての演舞が終わったあと、入賞の発表を虚心に待っていると、アナウンスが流れた。

「大賞は、ＪＲ九州櫻燕隊です」

連覇を成し遂げてしまった。

ＪＲ九州櫻燕隊の演舞は、ＹｏｕＴｕｂｅにもいくつも投稿されているので、ぜひご覧いただきたい。

10

夢みる力が「氣」をつくる

見放された「三島《さんとう》ＪＲ」は夢を見るしかない

「氣」を満ちあふれさせる法則の第一に挙げた「夢みる力」。

私は、この「夢」という言葉を好んで使う。

これはほかの経営者や企業が使う「ヴィジョン」という言葉に等しい。

私の定義では、社会における企業の存在理由はミッション。

企業が独自に目指すべきイメージは、ヴィジョン、すなわち**夢**である。

会社が順風にあるときは、このヴィジョン＝夢を見る力がなかなか内側から湧いてこない。

順風にあるから、現状維持でもいいという意識が社員間に芽生える。

昔でいえば「国鉄病」、いまは「大企業病」。

繰り返すが、ＪＲ九州は決して大企業などではない。

中央から見放され、本州以外の北海道、四国、九州の「三島ＪＲ」のひとつに数えられ、山手線も新幹線もなく、数々の赤字路線が走るばかりの土地。

そんな逆境に、わずか30年ほど前にあった会社である。

逆境だともう、現状ばかりをポカンと眺めていてもしようがない。

必死で未来を、ヴィジョンを、つまり夢を見るほかない。

熊本県知事に学ぶ逆境の心得

逆境のなかにこそ夢がある。

これは個人でも組織でも同じだ。

熊本県の蒲島郁夫《かばしまいくお》知事は、まず個人として逆境から夢を見た。

少年時代の蒲島知事は、牧場主、政治家、小説家になりたいという夢を抱いていたが、学校の成績は同県の県立高校で２２０人中２００番という落ちこぼれだった。

しかし、社会人となったあと、一念発起し、猛烈な勉強と行動を開始。農協職員を経て農業研修生として渡米した際に学問に目覚め、24歳でネブラスカ大学農学部に入学し、学士号に続いて、同大学院で農業経済学の修士号を取得。その後、政治学を学ぶことを志し、ハーバード大学ケネディスクールの博士課程に進学。政治経済学の博士号を取得した。

それだけでも驚きなのに、筑波大学教授を経て、50歳のときには、東京大学法学部教授に就任してしまった。

そして61歳のときに、熊本県知事選に出馬。5人の立候補のなかで投票総数の半分を獲得する圧勝を収め、現在3期目にある。その間には、自身の給与月額100万円カットを含む大胆な財政再建策を敢行し、就任後7年間で負債額1500億円を返済するといった成果も出した。

そんな蒲島知事には何度も逆境が訪れる。

2016年4月には、熊本地震が発生した。奇しくも本震が発生した4月16日は、3期めの任期の開始日でもあった。

知事は、災害対応から復興にいたる陣頭指揮をいまもなお執り続け、創造的復興を自分の使命だと語っている。

現在は、被災者の「すまい」の再建をはじめ一日も早い熊本の復興に尽力しており、たくましく、そしてあざやかに復興へのプロセスを示し続けている。熊本城天守閣の復旧や、甚大な被害を受けた阿蘇地域の観光や経済の再生といった夢も遠からず実現することだろう。

過酷な逆境においても、すぐにミッションを設定し、「逆境のなかにこそ夢がある」をモットーに、熊本の復興という夢を、県民と共有しながら見続けている。

蒲島知事は、逆境が次々に巡ってくる同じ九州にあって、熱く共感することも学ぶべきことも多いリーダーのひとりである。

歌舞伎からビジネスに転用した名セリフ

夢という言葉をヴィジョンに代わり用いるという発想は、三代目市川猿之助（現・二代目猿翁《えんおう》）氏が演じていたスーパー歌舞伎『新・三国志』の諸葛孔明《しょかつこうめい》のセリフのなかで出合った。

「私たちは夢みる力で、劉備《りゅうび》さまにお仕えして立派な王になっていただこう。私たちの夢みる力が、ここまで私たちをかり立てたのだ。夢みる力がみんなのエネルギーを高めたのだ」

このセリフはいいな、と心から思った。

ＪＲという会社は、国鉄時代から、社会における存在理由＝ミッションばかりが先行していた会社だった。

あの時代は、このミッションを楯に、仕事以前の労使間闘争に明け暮れ、サボタージュを繰り返し、さもミッションにそれは含まれないといわんばかりに劣悪なサービスを提供していた。

分割民営化後、ＪＲとなってもなお、鉄道というミッションはかろうじて保持されていた。ただし、「国鉄病」のまま、ポカンとしていては、肝心なミッションも遠からず手を離れていくだろうというのが目の前の現実だった。

会社が目指すべきは、事業を多角化し、売上も利益も底上げし、企業として自立をはたしたうえでの完全民営化と株式上場だった。

国はいざとなれば、アテにはできない。自立しなくては。

われわれはかつて、新幹線も山手線ももたされずに、本州以外の「三島ＪＲ」のひとつとされた立場なのだから。

『新・三国志』のころ、赤字出しまくりの外食事業のリーダーを務めていた私にとって、目の前のミッションはおいしい店づくり、ヴィジョンは黒字化だった。

しかし、「ヴィジョンは黒字化」といっても、なんだか響きが弱い。

そんなことを毎日考え続けたなかで出合ったのが、当時の猿之助氏の諸葛孔明のセリフのなかの〝夢〟という言葉だった。

ヴィジョンは黒字化。夢は黒字化。

どちらが心が浮き立つだろう。

どちらがわくわくするだろう。


「夢みる力がみんなのエネルギーを高めたのだ」


やはりプロの生み出す言葉の力はすごい。

いま眺めてみると「夢みる力がみんなのエネルギー＝『氣』を高めたのだ」と訳せる。

すごい。

クソボールをホームランにしよう

経営を野球のバッティングに喩《たと》えてみると、事業にまともなストライクボールはまずこない。どれもこれもボール球。新規事業にいたっては、いってしまえばクソボールばかりである。

国鉄をまずまともな会社にすることは、まっさらな新規事業を成功に導くと同様にクソボールをヒットにするようなものだった。

国鉄だった会社を自立した会社とし、一人前の民間企業として東証一部上場企業にすることは、クソボールをホームランにするようなことだったのだ。

現在のJR九州だってそうだ。ヒットをコツコツ重ねながら、ホームランだって打たなければならない。

ホームランを打たねば、と思っている経営者の皆さん。

そのヴィジョンを「夢」といい換えてみよう。

目指すべきものの実感が、肌感覚で変わるはずである。

これまで山のように読んできた本のなかには、すぐれた経営者の本が数々あったが、松下幸之助氏、稲盛和夫氏ともに、やはり「夢」という言葉を好んで使っておられたことをにつけ加えておく。

11

農業はひとを元気にする

初産みたまごのおいしさに心から感動

養鶏場から朝産みたての、まさに〝ほやほやの〟たまごが社長室に届いた。

福岡県飯塚《いいづか》市にある養鶏場は、6棟からなる。1棟に1600羽の鶏を飼育しているから全部入居（?）すると、9600羽になる。4か月前に養鶏場が完成し、その月から毎月1棟ずつ1600羽の雛鳥をケージの中に入れていき、6か月で6棟すべてが満室になる。

当社が得意とする分譲マンション事業なら、竣工即完売といったところだ。

その日届いたたまごは、1棟めの最初の入居組の雛たちが、入居して半月から1か月ではじめて産んだ、〝**初産みたまご**〟だ。

初産みたまごは祖母に食べさせろ、といわれる。サイズは小さいが見るからに活力に満ちていて栄養価が高い。初産みたまごを一度食すと、もうほかのたまごに手が出ない。格別のおいしさに心から感動する。

このとき、農業をはじめてよかった、と改めてしみじみ思う。

私が社長時代に、ＪＲ九州は農業に参入した。

農業をはじめてから、多くのひとから聞かれたことがある。

「なぜ、鉄道会社のＪＲ九州が農業に取り組むのか」

その答えとして、いつも公式見解を用意している。

ＪＲ九州が農業に力を入れる理由は３つある。

1　各地に耕作放棄地が増えていくのを見てさびしく感じたから、である

2　日本の美しい田園風景を守るため、である

3　農業と鉄道業には共通点があること、である

以上の3つが、JR九州が農業を手がけるおもな理由だ、というのが公式見解だ。

農業には映画や小説と同じ力がある

しかし、公式見解として表明したことがない、もうひとつの理由がある。

それは、**農業がひとを元気にする仕事**だということだ。

ひとを元気にすることは、素晴らしい。

私は、自称映画好きで読書家である。だから、映画をつくったり、小説を書いたりするひとたちを尊敬する。

それは、映画を観て元気になるからだ。小説を読んで感動するからだ。

その元気と感動のもとをつくっている映画監督や俳優、作家の方々には、いつも敬意を払うとともに感謝している。

「元気をありがとう。感動をありがとう」

映画や小説と同じように、農業もひとを元気にする。

農業の本質は、食物をつくり出すことだ。

食物は、生命維持のためのエネルギーとなる。食物の大半が、米、麦、野菜、畜産品など農産物に由来する。農業が存在しないと、人類は摂取すべきエネルギーのもとをほとんど失ってしまう。

農業は食物を提供することにより、ひとの生命を維持している。さらには、食物はひとの元気と活力を生み出す。

すなわち、農業はひとを元気にしているのだ。

ななつ星も、農業の恩恵にあずかっている。

ななつ星では、九州各地の農家から厳選された農産物を食材として料理に使用している。どの食材もお客さまから評判を得ている。

特に、阿蘇駅のホーム上につくったレストラン「火星《かせい》」での朝食は圧巻だ。テーブルには、阿蘇のとれたて野菜がずらっと並んでいる。ビュッフェ方式で自由に選んでもらうわけだが、朝というのに、高齢のお客さまも次々に新鮮な野菜をお皿にとっていかれる。

「阿蘇の野菜っておいしいわね。ついつい食べてしまう」

九州の農産物がななつ星のお客さまを元気にしている。

農業は生きがいにつながる

農業は、食としてひとに元気のもとを提供しているだけではない。もうひとつ、農業は、働くこと、すなわち農作業をすることを通じて、働くひとたちも元気にする。

ＪＲ九州の農場では、以前農家だった多くのひとたちにも農作業を手伝ってもらっている。自身が高齢になったことと後継者不足から、農業を営むことをやめたひとも、決して農作業自体が嫌なわけではない。

「農作業をしていると、いつまでも元気でいられる」

農業は、苦労の多いたいへんきつい仕事だが、不思議と、農作業自体は心身を元気にするという。引きこもりや不登校の若者が農業に従事することにより、普通の社会人としての生活が送れるようになった、という報告をよく耳にする。

私も、数年前に宮崎県都城市《みやこのじょう》にある農業法人の視察に行ったとき、同じ話を聞いた。引きこもりの若者たちも、ここで農業に従事すると、働くことの楽しさや生きがいを見つけ、数年ここで働いたあと独立して、みずから農業経営を行うひとも出てきているという。

農業は、食の提供という本来の機能だけでもひとを元気にするが、農業に従事すること自体にもひとを元気にする力がある。

このことが、私が農業への参入を決めた、もうひとつの理由だ。

12

異端を尊ぶと会社は元気になる

中期経営計画にも記載した異端尊重

異端を尊ぶ。

これは私が長く、あえて意図をもってしつこくいい続けてきた信条のひとつだ。

ＪＲ九州として、２０１２年に発表した中期経営計画「つくる２０１６」のなかでも、「成長と進化」の概念を説きながらこの文言を組み入れた。

ＪＲ九州グループは、情熱と勇気をもって、事業の規模を拡大していく「成長」と、組織や事業を変革させる「進化」を遂げていきます。
異端※を尊び、挑戦をたたえる風土をつくることで、
JR九州グループとともに社員一人ひとりも成長と進化を続けます。
JR九州グループは、成長と進化により、新たなお客さまをつくります。

この一説には、丁寧にこんな注釈までくっつけている。

※【異端を尊び】……従来にない新たな意見や考え方などをはじめから排除することなく、耳を傾け、成長と進化の「種」にしようとすること

組織における異端のとらえ方、接し方について、当時の私の強い思いが表れている。

果敢に挑戦するひとこそ、ほめちぎる

組織は**お役所的**になりがちだからこそ、異端を尊ぶことに意味がある。
お役所的な、とは何かというと、組織で働くひとが挑戦しない気風を指す。
案件を申し送ること、もち帰ることで、担当者が挑戦せずにすむ環境を指す。

それはよくない。

（当社は同じことをやっていては必ず潰れる会社だったから、お役所的になどなりようもなかったのだが）

だから、**果敢に挑戦したひとをほめた。**

お役所的な組織では眉をひそめられてしまうかもしれない、前例のない挑戦、異端扱いされる取り組みをほめた。

そうすると、**放っておいても挑戦する人間が増えた。**

新しい事業に進んでいこうという社員が増えたし、「みずからつくる」という社風を育むうえでも、ぴったりの言葉だったと思う。

ななつ星のクルー募集はダイバーシティそのもの

ダイバーシティ＝多様性という概念は、和訳するなら、まさに**「異端を尊ぶ」**だろう。

考えてみれば、ダイバーシティの効用は、鉄道以外の新しい事業に次々と乗り出し、外部の知見にふれ、あるいは積極的に招き、地道に成功と利益を積み上げてきた当社が身にしみて実感していたものだった。

ななつ星などは、まさに**「異端を尊ぶ」の集大成**といってよいものだった。まったく日本で前例のなかった規格外の豪華列車というななつ星のコンセプト。列車づくりに用いられることのなかった伝統工芸の技と美。

運行開始当初のクルーは25名。半数はキャリアにおいてサービスに長《た》けているとされた社員、もう半数は社外からの公募で30倍以上の競争率を勝ちぬいた精鋭たちだった。経験豊かな国際線のキャビンアテンダント、名門ホテルのコンシェルジュ、世界中を渡り歩いてきたホテルマン、名物ソムリエとして名を馳《は》せた接客のエキスパート。

さまざまな分野のプロフェッショナルが顔を揃えた。

昔、鉄道会社は男社会だった

さような気風であろうと心がけるなかでは、有能な女性社員も続々と登場してきた。

そもそもJRという会社は、前身の国鉄からして男社会だった。

鉄道事業が本業だから、24時間体制でいつでも動ける体でなくてはならない。昼夜逆転や深夜勤務は当たり前。その昔、1980年代末に「24時間、戦えますか。」というテレビCMのキャッチコピーが流行ったが、鉄道マンからすればごく当たり前のことだった。

いまの時代にはとてもなじまないといわれそうだが、安全にインフラを維持せねばならないという立場上、高校、大学を卒業して新人で入ってきた社員たちには皆、心身のどこかにそういう気概というか心構えというものがある。全員が駅員としての勤務を通し、日々の安全運行を目指しながら、突発的なトラブルやダイヤの乱れに対応した経験をもつ。

私も初任地は、いまもＪＲ隅田川《すみだがわ》駅としてある貨物駅で、その後は山手線の指令室でも勤務した。いつでもどこでも働ける体、なんでも起こり得るのだという心構えが、自然と身につくのが当社である。

本来なら、女性のこまやかな神経が生かされる場面は多々あるはずなのだが、体力的なことを考えると、やはり男性陣が中心にならざるをえないのが国鉄であり、そして分割民営化直後のＪＲ九州だった。

会社の名も実も変わり、女性のリーダーが生まれた

しかし、当社は２０１６年に東証一部上場をはたした時点で、**売上の６割以上が鉄道以外の事業**という企業へと変身を遂げていた。変身の過程では、女性が活躍する場面がどんどん増えていくこととなった。

女性のリーダーが求められたのは、ごく自然の流れだったのだろう。

当社の外食事業のグループ会社に女性社長が誕生したのが、２０１２年のことだった。

このとき就任したAさんは、私が本社の営業部長を務めていたときの部下のひとりだった。仕事はきびきてきぱき、しゃべりもたいへんにはきはきとしていて、上司の私にも、必要と判断すれば躊躇《ちゅうちょ》なくものをいった。

飲み会でのノリもひときわいい。男女を問わず後輩社員からも非常に好かれていた。ついには、自然発生的に派閥みたいなものが出来上がるほどだった。

ＪＲ九州みたいな地方の小さな会社で、しかも一部署で派閥なんてと口にはしていたが、彼女を中心に皆がなんだか楽しそうだし、仕事もはかどっているように見えた。

こういうとき、男の上司は何をすべきか。

私は皆と同じように、彼女の派閥に入ることにした。

なんのことはない。組織が元気になるならば、リーダーのやるべきことは、その場でベストと思えることを実行するまでなのである。

この彼女はその後、本社の人事課長となり、その後に部に格上げされたので当社の初代人事部長となった。

さらに、2017年には私がかつて務めた営業部長に就任した。

彼女はいまも私にはっきりとものをいうし、日中の会議でも夜の酒席でも堂々と論戦を挑んでくる。

もちろん、私の派閥に入る兆しなどまったく見えない。

(そんなものはないか)

Aさんの快進撃は同世代の男性社員たちへのよい刺激となっただろうし、女性社員たちには大いなる目標ができたことだろう。

何より組織として、前身が国鉄である当社のような企業でも、女性がこれほど活躍できるのだと広く社会的にアピールすることになった。

第2、第3のAさんが続々と台頭してくることになったら、当社はまた新しい「成長と進化」を見せられるだろうと確信している。

13

企業30年説に負けないぞ

プロ野球に見る企業の盛衰と30年

企業30年説というものがある。

企業には人間や動物と同じように寿命があるという。ひとつの企業が繁栄を謳歌《おうか》できるのは、せいぜい30年にすぎないという法則だ。

この説自体も約30年前に唱えられたものだが、この法則はいまだに色褪《あ》せることなくひとの口にのぼる。

プロ野球の歴史を見てみよう。

プロ野球の球団の親会社の名前を過去にさかのぼって眺めてみると、企業30年説には確かにうなずけるものがある。

セントラル・パシフィック両リーグのペナントレースがスタートしたのは1950年。いまからおよそ70年前のことだ。松竹ロビンス、大映スターズ、東映フライヤーズなど、映画会社の名前が幅を利かしている。映画が花形産業の時代だった。

一方で、西鉄、阪急、近鉄、南海といった私鉄会社も、球団経営の主流をなしていた。そしてなんと、国鉄もスワローズのオーナーとして1965年まで名を連ねていた。

（はなはだ余談だが、私はいまも昔もホークスファンである）

1960年代に入ると、日本映画界が斜陽となり球団名からも消えていく（東映フライヤーズのみ72年まで存続）。

70年代には、西鉄ライオンズが太平洋クラブライオンズに、東映フライヤーズが日拓ホームフライヤーズに変わるということが起きた。

時代の主役がスポーツのオーナーとなる

映画と鉄道から不動産へ。世の趨勢《すうせい》どおりに球団経営の主体が変わっていった。

（誤解のないようにいうと、いまは映画会社も復活してきたし、大手私鉄各社も当社同様に

関連事業を交えながら元気に営まれている）

80年代には、阪急からオリックスに、南海からダイエーへ、2球団で経営権が移った。私鉄に代わって金融と流通を代表する会社がプロ野球の舞台に登場してきたというわけだ。

2000年代に入ると、ソフトバンク、楽天、DeNAといったIT企業が主役に躍り出た。

このように、プロ野球の球団名の年代別リストには、その時代に輝いた企業名が並ぶ。

産業界全体の歴史を見ても、1950年代に繊維産業が隆盛を極め、60年代に鉄鋼・造船といった重厚長大型の産業が大きな成長を遂げた。

70年代に入ると家電や流通が台頭する。80年代には自動車産業が躍進した。

そしていま、IT産業が主役の座を奪った。

変われなければ企業だって老衰を迎える

こうして見ると、確かに、企業30年説は当てはまる。

もちろん、そんな法則に当てはまらずに、30年以上繁栄を続けている企業も多く存在する。

そして逆に、30年よりももっと早く寿命が尽きる企業も少なくない。

どういった違いがあるのか。

その答えはひとつ。

変化への対応能力があるかないか。

ある事業を立ち上げ、うまく軌道に乗りはじめたとする。

その企業はひとつの成功体験をもったことになる。

年月とともに経済のダイナミズムは変化し、技術の革新は否応なしに進む。過去の成功体験にしがみつき、業態や組織の改革に手をつけずにすごすなら、企業という生命体は老化の一途をたどる。

老衰だ。行きつく先には死が待っている。

勇気をもって進化に挑め

企業の世界ではよく、「成長と進化」という言葉が使われる。

成長とは、生物でいえば育って大きくなること。企業でいえば、既存事業をより効率的に運営し、規模の拡大を図っていくことに当たる。

進化とは、生物では遺伝子レベルで変化を起こし、環境の変化に適合した生命体をつくりあげること。これは、生物が生き残るために必要なことで、進化しない生物は滅んでいく。企業でいえば、業態や組織を改革し、新しい事業分野に挑戦することに当たる。


企業には本能がある。

たとえ老衰がはじまったとしても、これまでどおりの仕事を踏襲《とうしゅう》していけばいい、既存の事業はそのまま続ければいい、成長だけすればいい、という本能だ。

しかし、この本能のままに生きていく企業は、変化に適応できず、老衰していくしかない。

進化は違う。

企業は、成長本能と違って、進化に対しては臆病になりがちだ。

進化は、企業の本能にはないものだ。

だからこそ、進化しようという強い意志が必要となる。

企業が進化していくためには、本能に逆らい、時代の変化を読み、勇気をもって新しいことを実行していこうとする強い意志が必要なのだ。

心得ておくべきは、ただひとつ。

変化を厭《いと》わず、意志と勇気をもって進化に挑み、改革に取り組む企業に老衰はない。

自戒もこめてここに記しておく。

14

誠実、誠実、そして誠実

トップは誠実でありさえすればいい

「誠実です」

私は即答する。企業経営にとっていちばん大切なものは何かと問われれば、躊躇なくそう即答する。

2009年6月、JR九州の社長就任時の記者会見で、私は所信表明の最初に「誠実」を説いた。

このとき以来、年頭の訓示や毎月の社内報の社長メッセージでも、しつこいほど繰り返し「誠実であれ」と訴えた。

経営学者のP・F・ドラッカーは著書のなかでこう述べている。

「**経営管理者が学ぶことのできない資質、習得することができず、もともともっていなければならない資質がある。才能ではなく真摯さである**」

（P・F・ドラッカー著、上田惇生訳『現代の経営〈下〉』）

「真摯さ」の英語の原文は「integrity」となっている。integrityは、誠実、高潔、真摯といった意味で使われる単語だ。

「誠実」を『大辞泉』で引くと、【〔名・形動〕私利私欲をまじえず、真心をもって人や物事に対すること。また、そのさま】とある。

不誠実は名車をもおとしめる

私なりに解釈を加えるならば、誠実には大きく2つの意味がある。

ひとつは、嘘、偽り、ごまかしがなく、ひとに対して思いやりのある行動や考え方だ。信実あるいは真心である。

もうひとつは、倦《う》まず弛《たゆ》まず。みずから頭を使い体を動かし、知恵を出し汗をかいて何かをなすことだ。すなわち、手間を惜しまずに何かをつくり出すことだ。

誠実は、真心と手間の2つから成り立っているのではないか。

まず、ひとつめの真心。

真心のある言動は、お客さま、取引先、地域の皆さま、そして社会から信用と信頼を得ることができる。

このところ、「誠実」でない、すなわち真心のない組織や企業がとんでもない状況に追いこまれた事例が相次いでいる。

海外では、フォルクスワーゲンが、なんと排ガス規制に関して会社ぐるみで不正を行っていたことが大きく報道された。

日本でも、東芝の不正会計が発覚し、歴代3社長が責任を問われている。会社自体も致命的なまでに信用を失墜した。

マンション杭打ち不正事件では、旭化成建材によるデータ改竄《かいざん》が大きな問題となり、責任をとって親会社の旭化成社長が辞任した。

これ以外にも、名のある少なくない企業が信用を大きく失墜させるような事実が明るみになっている。

しかし、よく見ると、事件発生だけで経営破綻《はたん》した事例はきわめてまれだ。経営破綻やそれに近い状況にまで追いこまれた企業に共通するのは、事件発生後の対応のまずさにある。事件や事故は、ないにこしたことはないが、人間のやることだから、図らずも事件や事故が起こってしまう。

そのとき、上司や本社、利害関係者、世間に正直かつ迅速に報告あるいは発表を行うことが、その本人や企業を危機的状況から救うための唯一の行動だ。

事件や事故の発生は、当事者本人に相応の処分がなされるだろうし、業績を悪化させ、企業イメージを損なう。しかし、それは一時的なものであり、事件や事故に限定的なものとなる。

ところが、事件や事故の虚偽報告や隠蔽《いんぺい》工作は、企業の信用を回復不可能なところまで失墜させる。企業の存続そのものを危うくする。

経営破綻を招くのは、事件や事故ではなく、その後の嘘、偽り、ごまかしだ。

誠実でないことが、企業にとって最大の財産である信用を地の底まで落とすことになる。

トヨタの名社長たるゆえんは、敵も味方にする誠実さ

トヨタ自動車（以下、トヨタ）の豊田章男社長に先日お目にかかった折のこと。世界的企業の創業家社長にして、まるで野球のプレイングマネージャーのようだと日ごろから興味深く拝見していたが、はたして魅力的な人だった。

2009年から翌年にかけて、トヨタは米国内で一連の大規模リコールを行った。ご存知のとおり、豊田社長は、米下院の求めにより開かれた公聴会に直接乗りこみ、みずから説明を行い、「より透明性のある、顧客の安全を最優先課題に掲げる会社に再生するよう全力を尽くす」という言葉で説明した。この公聴会を境に事態は沈静化していくことになる。

このときのことを豊田社長が話してくれた。

じつは、ある共和党の議員からアドバイスをもらったという。

議員は、いったという。

「公聴会の本番では、アメリカ国民に**正々堂々とあなたの正しさを伝えたらいい**」

公聴会の時点では、真相はまだ明瞭ではなく、さらにいえば真相にかかわらず、トヨタは米国で大きく失点する可能性があった。

うまくいった理由は、アメリカ法人だけに任せず、何より日本本国から直接トップが出向いたことだったんですよと、豊田社長は記憶を噛み締めるように穏やかな口調で話してくれた。

ドラッカーの言葉をもう一度。

「経営管理者が学ぶことのできない資質、習得することができず、もともともっていなければならない資質がある。才能ではなく真摯さである」

第3章

仕事は楽しむもの

15

数字は細かくすると楽しくなる

三冠王のノルマに見る、数字を刻む効用

日本のプロ野球で3度の三冠王を獲得したのは、落合博満氏ただひとりだ。落合氏のすごさは、卓越した打撃理論や打撃技術だけでなく、監督としても4度のリーグ優勝、1度のクライマックスシリーズ優勝、1度の日本シリーズ優勝をはたすなど、野球のすべてに通じていたことだ。

経営の立場で見ると、落合氏の目標達成への取り組みに興味をかき立てられた。落合氏は全盛期、シーズン当初から「三冠王を獲る」と公言していた。

当時、3つのタイトルを獲るには、打率3割5分、50本塁打、130打点が最低ラインと

考えられていた。

落合氏はいつも、**その数字をはるかに上回る目標を設定**した。年間トータルの数字を設定したうえで、1試合ごとのノルマを自分に課した。

当時のプロ野球の年間試合数は130。年間目標値を試合数で割り、2試合に3本のヒット、2試合に1本のホームラン、1試合に1打点という具合にノルマをみずからに課した。年間目標をかなり高めに設定し、年間目標を1試合単位に細分化する。

このあたりは、経営者と同じ姿勢だ。

企業も、1年間の売上目標を定め、それを1日当たりの売上目標に落としこむ。

落合氏は、野球界のそれにとどまらず、企業経営にも通じる極意を体得していたのだろう。

パートの女性とも目標値を共有した店長

私の外食事業時代に、ある店で落合氏のようなことを実践している店長とパートがいた。

パートやアルバイトは、外食業界では非常に重要な戦力だった。働く時間や部門は限られるが、自分が課された場所やミッションに対しての責任感は非常に強い。ベテランともなると、ヘタな社員よりよっぽど職場のことに通じていて、「アンタ、何ボヤッとしてるのよ」

なんてやっていたりする。

じつに頼もしい。

ある駅に一軒の鯛焼き店があった。

ここにはボヤッとしている当社社員の男性店長とパートのおばさま方が4人ほど。

店長はボヤッとした男なのだが、ひとついいところがあって、**朝礼で必ず一日の収入目標を時間単位で伝えた。**

「今日は平日ですので、15万円が目標です。夕方5時までに半分の7万5000円は稼がなくてはいけません」

ふだん、ボヤッとしているのだが、これだけは必ず伝えた。

そうしておくと、夕方5時を前にして数字が届かないようだと、パートの皆さんがさまざまな努力をはじめるのだ。

電車が到着するのにあわせて、アツアツの鯛焼きを用意し、店の外に出て呼びこみをする。「鯛焼きいかがですか」と、駅を行くひとたちに、ひとつでも多く売ろうと粘る。パートの皆さんは、自分に課された時間帯への責任感と忠誠心をリミットのギリギリまで発揮する。

これは、数値目標がはっきりしているからだ。

細分化した目標を伝えると、ひとは動くのである。

売上目標を細分化して黒字化に成功

現在は、もう当社グループ企業の優等生に成長した外食事業部だが、赤字を克服しようと「もうひと息！」と奮闘していたころ、数字を細分化し、目標とする〝落合流〟をコスト削減や利益の確保にも応用した。

私がＪＲ九州の外食事業に着手した時点で、**売上が25億円で赤字が8億円**。それから2年が経った時点で、**売上は二十数億円、赤字がまだ約2億円**という状況だった。

赤字削減ではダメ。

夢は黒字化だった。

当時の店舗数は50。毎月の店長会議には、同じ数の店長が参集する。

一斉に彼らに「2億円の赤字を減らそう！」と発破をかけても意味がない。きっとピンとこない。いまひとつわがこととは思ってくれない。

そこで、落合流に数字を細分化することにした。

「わが外食事業部の収支は、**昨年度2億円の赤字**だった。売上から見ると、巨額の赤字といえる。それでも**前年度の5億円、その前の8億円からするとかなり改善した。店長の皆さんの努力のたまものだ。今年度は、なんとしても黒字にしよう**」

さらに、2億円の意味について解説した。

（ここが大事）

「2億円というと、皆さんのひとつひとつのお店の売上の3倍にも4倍にもなる。とてつもなく大きな数字だ。そこで、このように考えてほしい。

2億円を50店舗で割ると、1店舗当たり400万円になる。さらに、それを365日で割ると1日約1万円強になる」

50人の店長たちの顔つきが、さっと変わった気がした。明らかに自分の目標を見出していた。

「1日1万円の赤字は、もうひと頑張りすればなんとかなるでしょう」

そうかもしれない……という顔を皆がしている。

（もうひと息）

「さらに、営業時間が10時間とすれば、1時間1000円に当たる利益を売上増とコスト削減で生み出せばいい」

全員がしばし「……」となったあと、「そうか！」という顔になった。

その年、1995年度の決算で、わが外食事業部は**黒字化を達成**した。

売上は27億円。黒字は1000万円。

三冠王とはいかないが、ルーキーに等しい事業体としては、全員が胸を張れる成績だった。

同外食事業部を前身とし、1996年4月に誕生したJR九州フードサービスは、2017年度の決算で**史上最高益**に当たる営業利益を達成した。

その黒字額がちょうど2億円ほどだったかどうかは、皆さんの想像にお任せしよう。

16

掃除は職場を楽しくする

新入社員には掃除、掃除、掃除

社長の新年度は、入社式で行う新入社員への訓示でスタートする。

話すテーマは、折々の時事問題にふれることもあるが、毎回必ず若者たちに伝えてきたことがある。

掃除だ。

ほかの企業の幹部から、最近の若者は掃除がまともにできない人間が増えている、というぼやきをよく聞いていた。当社の駅長たちからも同様のことを耳にした。

「新入社員に室内掃除を指示しても、どうしていいのかわからない者が多い。そこで、掃除のイロハを教えると、一応掃除はできるようになる。が、掃除をすませたあと、今度は使った掃除道具の片づけが全然できない」

だから入社式で掃除の話をする、というわけでもない。

ビジネスパーソンとして、掃除がいかに大切かをわかってもらいたいのだ。

二宮金次郎は勉強より〝掃除〟のひと

二宮尊徳。

江戸時代後期の農政家、農村改革者として活躍した人物だ。かつて全国の小学校に設置された、薪《まき》を背負って勉強する二宮金次郎像。あの金次郎こそ二宮尊徳そのひとである。諸藩や武家の財政改革を主導したり、各地の農村の救済や復興に尽力したり、いまでいえば、花形経営コンサルタントといった存在だ。

私は社員たちに尊徳の、あるエピソードをよく話す。

あるとき尊徳は、貧しい農家の主から相談を受けた。

「先生、私は毎日朝早くから日没まで働きづめですが、一向に家のくらしがよくなりません。どうすれば、家計が楽になるでしょうか」

さっそく、尊徳は農家を訪れた。

家の中に入ると、土間や部屋にいろいろなものが散乱している。納屋を見て回ると、鎌や鍬《くわ》などが無秩序に置かれている。農機具には、土の中に埋もれたまま、ほったらかしというものまであった。

尊徳は、すぐに問題点を見ぬいた。

「朝起きて田畑に行くまでに何をしますか?」

「起きてすぐ朝飯をかきこんで、納屋に行って農具を揃え、それから田畑に向かいます」

「農具はすぐに揃いますか」

「鎌や鍬などその日の作業に必要なものを、納屋で捜して揃えるのに、半時《はんとき》(1時間)ほどかかります」

「農具が見つからなかったことはありませんか」

「いいえ、それが見つからないこともしょっちゅうです。だから、なくしたと思い、新しい農具を買い直します」

尊徳は、百姓に改善策を授けた。

「今日から、家の中、納屋、庭などをきちんと片づけて掃除をしなさい。そして、毎日それを徹底しなさい」

いらないものを捨て（整理）、必要なものをいつでも取り出せるように順序よく並べ（整頓）、ゴミや汚れのないようにきれいにする（清掃）。

尊徳は、この3S（整理、整頓、清掃）がまったくなされていないことがいちばんの問題だと指摘したのだ。

エラい先生だと聞いていたが、ろくに調べもせずにいうことは掃除だけか。農家の主は尊徳に相談したことを少し後悔したが、とりあえずその日から家じゅうの大掃除にとりかかった。

不要なものを捨てていくと、狭いと思っていた納屋に広いスペースができた。
納屋の土の中から、以前捜しても見つからなかった農具が出てきた。
農具もひとつひとつきれいに手入れをすると、意外にも使える農具がいくつもあった。
この大掃除のあとは、朝に畑へ出るときも農具を取り出すのに5分しかかからなかった。
ほどなく、この農家のくらしにはゆとりが出はじめ、家計も少しずつ豊かになってきたという。

〝社長が選ぶベスト社長〟に学ぶ掃除の効果

掃除、すなわち整理、整頓、清掃の3Sを説くのは二宮尊徳だけではない。

パナソニックの創業者で「経営の神様」といわれる松下幸之助氏も、彼が創設し塾長となった松下政経塾塾長として最初の講義で語ったのは、掃除であった。

欧米の経営コンサルタントも、企業に招かれ、ひととおり職場を点検したあとに必ずいう言葉は、「整理・整頓・清掃を徹底しなさい」だ。

経営不振の会社を次々と吸収合併し再建させ、〝社長が選ぶベスト社長〟にも選ばれた、日本電産の永守重信《ながもりしげのぶ》氏はこう述べている。

「倒産しようという会社の再建を頼まれ、その会社のオフィスや工場に行ってみると、きれいなところはひとつもなかった」

永守氏は、そういう企業に対し、まず「会社をきれいにするように」と指示をする。

逆境のときこそ「整理・整頓・清掃」10の効用

私自身が実感している、ビジネスにおける「整理・整頓・清掃」10の効用についてまとめてみる。

1　職場がきれいになり心地よい気持ちになれる
2　職場の安全と衛生のレベルが向上する
3　設備や機械が長もちする
4　ものを大切にする気持ちが育まれる
5　捜しものがすぐに見つかる
6　職場のみんなで掃除することにより、職場内に良好な人間関係がつくられる
7　お客さまから見た職場のイメージがよくなり、営業増進につながる
8　段取りの大切さを学べる
9　いろいろなことに気づくようになる
10　いま、何をしなければいけないかがわかる

個人的な実感としては、**10「いま、何をしなければいけないかがわかる」**ということが、整理・整頓・清掃の効用の最たるものだと思う。

身のまわりの整理・整頓・清掃は、頭の整理・整頓・清掃につながる。いま何をいちばん優先すべきか、いま何がいちばん重要かが見えてくるのだ。

最後に、掃除といえばこのひと。

イエローハットの創業者で、掃除の伝道師といわれる鍵山秀三郎《かぎやまひでさぶろう》氏の言葉でこの項を締めたい。

掃除を始めたからといって、すぐ儲かるというようなことはありません。
ただ、掃除をして環境をきれいにしますと、場の雰囲気が穏やかになります。
穏やかな環境は、心の荒みをなくし、怒りを抑える効果があります。
特に、逆境のときは身の回りをきれいにしておくことによって、救われるような気持ちになるものです。
掃除の大きな効用です。

（鍵山秀三郎著、亀井民治編『鍵山秀三郎「一日一話」』）

17 楽しみながらコスト削減しよう

現場にはコスト削減の知恵が埋まっている

コスト削減は、企業にとって永遠のテーマだ。

JR九州においても、会社発足以来、コスト削減に取り組んできた。機械化や自動化のための設備投資を行い、省力化施策をどんどん進めてきた。

一部のメーカーと比べると、まだまだとは思うが、それでも会社施策としては、かなりのコスト削減を実現させてきた。

会社の経営戦略の一環として取り組むコスト削減については、今後ともいろいろな知恵を出し、勉強していかなければいけない。

コスト削減にゴールはないし、聖域もない。

それとともに、職場で仕事を進めていくなかで、「こうすればもっとコストを抑えられるのではないか」という**「気づき」によるコスト削減**を全社的に展開できないか、と考えた。

外食事業時代の話を思い出した。

ある店長が、少しでも経費を下げられないかと考え、時間帯を限ってエアコンのスイッチをオフにすることにした。開店前のお客さまがいない店では、料理の仕こみや清掃を行っている時間だ。店長はじめ店の従業員たちは、着るものや作業効率に工夫を加えながら開店の準備作業を行った。

結果、電気代がかなり節約できた。

現場にはたくさんの知恵が埋まっている。

現場の知恵を引き出そう。

社内のコスト削減もネーミング次第で楽しくなる

1000万円を超えるコストの削減策は、なかなか現場では思い当たらない。

いまから10億円の経費を削減しよう！　といったって、社員は額の大きさに途方にくれるばかりだ。

1億円のコスト削減を達成するためには、100万円のコスト削減策を100個実施すればいい。10万円なら1000個見つければいい。

どの現場でも、**100万円あるいは10万円単位のコスト削減のタネは埋もれている**はずだ。外食事業時代の小さな店の店長だって、工夫して空調費、すなわち電気代を月に数万円削ったのだから。

そこで、コスト削減運動のネーミングを考えた。

現場で100万円単位のコスト削減策を探そうじゃないか。10万円単位を見つけようじゃないか。

そんな気持ちをこめて、「**さがせ100万円、みつけろ10万円プロジェクト**」＝通称「**さがみつ**」とした。

仮想通貨的ゲーム感覚で楽しくコストカット

私は、全社員、全職場に、この運動に参加するよう求めた。その際に、社長（当時）である私から本プロジェクトの趣旨を説明した。

「いままでのコスト削減は、節約意識に頼るところが大きかった。たとえば、コピー用紙の使用量を3％減らそうとか、こまめに消灯して電気代を5％下げようとか」

聞いている社員たちはきょとんとしている。そんなの当たり前、何か違う方法でもあるのか？　といわんばかりに。

「今回の『さがみつ』は違います。知恵を絞り工夫を凝らし、時には発想の転換を行い、仕事のやり方をゼロから見直してまとまった金額の出費をなくそう＝〝さがそう、みつけよう〟という考え方で進めていく」

ゼロから……!?　一同に驚きの表情が広がった。

「節約ではなくカットです。場合によっては、仕事のやり方を変えることやその仕事そのものをゼロにしてしまうことにも踏みこもう。ゼロにならなくても、２割カットや半減は目指したい」

そのように力をこめて語ったあと、「さがみつ」の概念について説明を加えた。

「まとまった金額を１００万円、10万円といった単位に設定し、その単位を仮想通貨に置き換えることにします」

ざわざわざわと皆がどよめいている。

「１００万円を『１さがせ』、10万円を『１みつけろ』。そういう仮想通貨の単位と考えることにします」

職場で１００万円のコスト削減策を探し出したら、その職場は「１さがせ」の獲得、10万円を見つけ出したら「１みつけろ」の獲得となる。「10みつけろ」で「１さがせ」だ。３２

0万円の削減なら、「3さがせ、2みつけろ」となる。
（仮想通貨の概念をこのときに導入したわけだ……早い！　えへん！）

毎年6億円を削減した「さがみつ」10の極意

このとき、各職場が取り組みやすいようにと、「さがみつ」を進めるにあたってのポイントを、次のようにまとめてみたので紹介する。

「『さがみつ』10の極意」とでもしようか。

1　整理整頓
2　費用対効果の検証
3　前例踏襲の打破
4　ひと手間
5　時間短縮、スピードアップ
6　まとめる（数量、仕事などを）
7　標準化、平準化、共通化

8　新たな、または有効な技術や仕組みの導入

9　自動化、機械化、システム化

10　目的と手段・方法の最適化

このように、2013年度にスタートした「さがみつ」は、すぐに全職場に浸透した。各職場も、それまでの経費削減よりも楽しく取り組めるからと、「さがみつ」に積極的に取り組んだ。

すると、すぐに効果が表れた。

初年度の「さがみつ」によるコスト削減額は、仮想通貨単位の総額で「600さがせ」を超えた。

つまり、**6億円のコスト削減**に成功した。

現在も「さがみつ」は継続中。

毎年コンスタントにおよそ「600さがせ」の削減を着々と継続中である。

18

どんな悩みも楽しくなる3つの処方箋

【処方箋1】声に出すのがいちばん効く

ビジネスパーソン、特に組織で働くひとたちに悩みはつきものだ。
ここでは、私が実践してきた、悩みを解消、あるいは軽減する対処法について考えてみよう。

まずひとつは、悩んでいる内容を口に出すことである。

アメリカの自動車会社のトップセールスマンの話を聞いたことがある。

そのセールスマンは、朝起床するとすぐにカーテンを開ける。

朝の太陽の光が部屋にさっと差しこむ。

セールスマンはここでひと言。

「ああなんていい天気だ！　今日は気分もいい！　今日はきっといい仕事ができるぞ！　たくさんのお客さまと契約できるぞ！」

とみずからに語りかける。心のなかでではない。

実際に音声に出して、**わりと大きな声を出して、みずからに語りかける**のが肝心だ。

この**音声に出す**ということが大事だ。

心のなかで文章を読むだけではいけない。

仕事中に悩むことがある。そんなとき、

「まあ、明日なんとかなるさ！」

「時間が解決するさ！」

「悪いことばかり続くものじゃないさ！」

と開き直って、プラス思考の言葉を実際に口に出す。

音声に出すのだ。

スペイン語では**「ケセラセラ」**＝なるようになる！

韓国語では「**ケンチャナヨ**」＝大丈夫！

沖縄の言葉なら「**なんくるないさー！**」＝なんとかなるよー！

こういったニュアンスの言葉ならなんでもいい。前向きなプラス思考の言葉を音声に出して発するのだ。こうすれば、悩みのすべてが解消しない状況でも、どこかから明日への勇気が湧いてくる。

【処方箋２】メモをとると、すぐ眠れる

私が実践している悩みを解消、あるいは軽減する対処法の２つめはメモをとること。


眠れない夜がある。明日しなければいけないことが次々に頭に浮かび、眠れない。

そんなとき、メモをとるといい。ベッドに入っても、頭のなかに次々に浮かんでしまうことがあるならば、ガバッと起きて、それをひとつひとつメモに書き留めるのだ。

書き出してみると、あまりにもたくさんのことをしなきゃいけないものと思っていた案件が、３つか４つしかないのに気づくことがある。

その3つか4つが次々に頭のなかを巡り巡って、いくつもあったように錯覚してしまっているのだ。

メモをとることによって、解決すべき問題は限られていることに気づく。

翌朝にはそのメモを見て、ひとつひとつ順番に着手していくとあっという間。午前中にはすべて完了してしまったなんてこともある。

眠れない。やるべきことが次々に頭に浮かぶ。そういうときは、往々にして同じことが繰り返して浮かんでいるだけなのだ。

メモをとれば、それがわかる。

そうすれば、あなたはすぐ眠りにつけるのだ。

【処方箋3】嫌なヤツほど早く会いにいけ

私が実践している悩みを解消、あるいは軽減する対処法の3つめは、会いたくないひとに会いたくないときに会いにいくこと。

ビジネスパーソンの悩みの多くは、人間関係によるものだ。

会いたくないひとにこそ、すぐに会いにいく。

早く会いにいって、**2メートル以内まで近寄って話**をすれば、怖いお兄さんも嫌な上司も自分と同じである。

同じ人間同士、顔が近くにあってはそう怒ったり、小言を続けられるものではない。

私の場合、会いたくない！　嫌だ！　と思うときほど、その上司や相手との問題を終わらせるチャンスだと考え、嫌がる心と体を無理やりにでも運ぶような気持ちで、とにかく早くそのもとに出向いたものだった。

悩みの処方箋は、以上の「3包」である。

大きな声で希望を唱え、メモをとり、会いにいく。

どれもなかなか即効性の高い薬だと思うが、いかがだろう。

19

売上アップには、**接客サービス**の向上しかない

鉄道の商品は、きっぷではない

鉄道の商品はきっぷ（乗車券）だと勘違いしているひとが多い。

鉄道にとっての商品とは、きっぷではない。

ＪＲ各社には、トクトクきっぷと称する「〇〇フリーきっぷ」や「2枚きっぷ」などの割引チケットがある。トクトクきっぷは、ＪＲ社内では「特別企画商品」と呼ばれている。商品と名がつくものの、これらも鉄道の商品ではない。

商品とは、販売を目的とする財およびサービスのことだ。

きっぷは、鉄道の商品を購入、利用するための〝権利書〟だ。

この権利書に記載されている権利を行使して、お客さまは鉄道の商品を手に入れる。

では、鉄道の商品とは何か。

鉄道の商品とは、鉄道事業者がお客さまに提供するすべてのサービスを指す。

列車に乗って乗車駅から目的の駅まで移動する、いわゆる**輸送サービスのすべてが商品**となる。

駅できっぷ（権利書）を購入し、改札を通過しホームに行く。そこで列車に乗り目的の駅に着く。列車を降りて駅の外に出る。きっぷの購入から目的の駅の外に出るまでが、鉄道事業者が提供するサービスなのだ。

このサービスの定義に含まれるものは枚挙にいとまがない。

列車のスピード。

列車のフリークエンシー（運行本数）。

列車の乗り心地やデザインなどがもたらす車両の快適性。

駅設備の安全性や快適性。

駅できっぷを販売する際の接客。

車内での乗務員の行動。

これらはすべて輸送サービスに含まれるものであり、すべてが鉄道の商品なのだ。

商品を再定義するとサービスに行きつく

この構図は、航空機やバスなどすべての交通機関に当てはまる。

ホテルも同じだ。

部屋の予約をする。

当日ホテルに到着し、チェックインして部屋に入る。

ホテルに宿泊するなかで、ハード面とソフト面のさまざまなサービスを受ける。

最後に、チェックアウトしてホテルを出る。

ホテルの商品とは、これら一連の手続きと、お客さまが宿泊期間中に感じられる、体験できる全サービスを指す。

予約が便利か快適か。ホテルのフロントの設備や接客が心地よいか。部屋の設備や機器は快適か。朝食は満足できるものか。ホテル側に何かしらの依頼や注文をした際の対応はスムーズで丁寧か。

お客さまが支払ったコストに対し、それらのサービスは同等以上でなくてはならない。

鉄道の商品価値に対しては、お客さまが支払う代金が運賃となる。

運賃よりも商品の価値が高ければ、お客さまの満足度が高くなる。満足度が高いと、お客さまが増えていく。

鉄道事業者は、鉄道の商品価値を高めるために、列車のスピードアップやフリークエンシーの向上に努めてきた。駅舎の改築や駅設備の改良も順次進めてきた。車両についてもデザイン性を重視したり、乗り心地の改善に取り組んできたりした。

こうした輸送サービスのハード面においては、この30年くらいで格段にレベルアップが図られた。

売上減を止める接客サービス

一方、駅や車内での接客サービスなどのソフト面では、ハード面に比べてあまり力が入ってこなかったのではないか。

少なくとも私には、ハード面よりもソフト面のほうが改善度が低かったように思われる。

鉄道の商品にとって、ソフト面はそんなに力を入れなくていいものだろうか。

いや、違う。

鉄道においても、ホテルや一般の商店と同じくらいに接客サービスが売上に大

きく影響する、と確信する。

ＪＲ九州は、国鉄分割民営化により１９８７年に発足して以降、最初の10年間は順調に鉄道収入を伸ばし続けた。

この間、列車のスピードアップやフリークエンシーの向上、新駅の設置、駅舎設備の改良、車両の快適性の追求など、さまざまなハード面の改善に取り組んだ。その効果が増収というかたちで表れたのだろう。

ところが、１９９７年に入ると、とたんに収入が減少に転じるようになった。

アジア通貨危機や消費税アップといった情勢の変化もあるにはあったが、この右肩下がりは、とうとうそのまま２００２年まで6年間続いた。

原因は世界情勢ではない。原因が内側にあることはもはや明白だった。

停滞した状況を打開するにはどうするべきか。

１９９７年からの収入減を受けて、当時のＪＲ九州社長の石原進氏は、ひとつの確信にたどり着いた。

接客サービスしかない！

使い古されたキーワードであるし、会社発足以来、そのサービス向上に取り組んできたつもりではあった。

しかし、結果としてお客さまの支持を得ているか、充分満足をいただいているかというと、そうではないことをデータが語っていた。

お客さまから投書や電話によってご意見をいただく件数がまったく減っていなかった。どれも駅の状況が不満だ、不快だという率直なご意見である。数字は素直なもので、それは鉄道収入の減少にそのままつながっていたのだ。

２００３年６月に、外食事業のグループ会社社長から本社に戻り、鉄道事業本部のサービス部長に赴任した私にすぐに指示が飛んできた。

従来のサービス向上運動『「感動」作戦』とは異なる、サービスの原点に立ち返る展開を考えよ、というものであった。

いまの顧客を大切にした「新・感・動・作戦」

そこで取り組んだのが、いまや常識となっている「整理・整頓・清掃・清潔」の４Ｓに「接遇（のちに躾《しつけ》）」を加えた**5Sの徹底**を主眼とする取り組みだった。

ネーミングは「**新・感・動・作戦**」とした。いま一度じっくり噛み締めてほしかったので、新と感と動のあとに**ナカグロ**を入れた。

途中、「サービスはすぐには売上にはつながらないよ」といった現場のベテランからの声も聞こえてきた。

しかし、「新・感・動・作戦」をはじめて2か月も経つと、収入に変化が表れはじめた。

それまでほとんどの駅で、**6年連続前年割れを起こしていた収入実績が、月単位で前年越えする駅が半数を超えた。全体の鉄道収入は4か月後には前年を上回りはじめた。**

米国のあるコンサルタント会社がまとめたものによると、その会社に100人ついていた顧客のうち1年後に残っているのは平均で75人。25人が離れていき、だいたい同数の新規客がつくという。時として、離れる25人が27人ほどに増えてしまうことがままあるという。

別の経営学者はこういう。

「新規顧客の獲得には、既存顧客を満足させ、維持する場合の5倍から10倍のコストがかかる」

まさに、そのとおり。

いまこの時点で、当社をご利用されているお客さまを大切にしなければいけない。

そのために、できることは何か。

良質な接客サービスを提供し、お客さまのハートをつかむことだ。

ドラッカーもいう。

「企業の目的として有効な定義は、……顧客の創造である」


企業は、顧客の創造、そして、維持にもっと力を入れなければいけない。

20 サービスとコストはいつも二律背反

どの業種でも悩ましい二律背反

サービスとコストの関係は、いつの時代も企業を悩ませる。

サービスとコストは、つねに二律背反の関係にあるからだ。

この適切な落としどころを現場で見つけ出すにはかなりの努力を必要とする。

私は、鉄道事業、船舶事業、外食事業といったサービスの現場に携わり、その後、福岡大学で2年にわたってこのテーマについて講師として授業を受けもつ機会をいただいた。

さらにいうならば、ななつ星では究極のサービスとは何か、を考えさせられた。

サービスとコストの関係について、そんな私なりの考えはこうだ。

ラグジュアリークラスのサービスにつきまとう赤字リスク

サービスとコストをグラフで描いてみる。

すると、その関係は、2次関数の曲線を描く。

サービス度を70％程度まで上げる分にはコストはなだらかに上がる程度ですむ。ここから80％程度までうまくサービスを整えるのが、一般的な事業者の腕の見せどころだ。

これがレストランガイドでいえば、ガイドブックの星を目指したり、当社でいえば、ななつ星の顧客層をターゲットにしようと思うと、サービスは90％以上の達成度を目指す必要がある。

80％から90％にサービス度を上げようとすると、コストは20％上昇する。

ところが、90％から100％を限りなく目指そうとするなら、**コストはいきなり50％以上はね上がる。**

80％程度のサービス度を設定していたときと比較すると、**1・5〜2倍**のコストがかかってしまうのだ。

世界基準に照らしてトップクラスのものを目指す事業とは、すでにコストのリスクをそれだけ背負っているということになる。

トップクラスの仕事をしているのだというプライドだけでは、必ず赤字になる。

トップクラスの赤字を放っておくと、際限なくそれは膨らみ続ける。

ひとりよがりのサービスに気をつけろ

トップクラスのサービスを謳《うた》いながら、経営を行うのはほんとうに難しい。

100%に限りなく近いサービスを謳いつつ、黒字を目指すには高いレベルでのこまやかなコストカットが必要となる。

ただ、このコストカットは非常にやりがいのあるものだ。トップクラスのサービスを数ポイント上げ下げすると、コストが大きく動くのだ。

たとえば、98%を95%くらいのサービス度で設定し直すと、コストはだいたい15〜20%くらいまでは削れるものだ。

さらに95%を90%に下げると、そこからさらにコストを10%削ることができる。

提供する側としてほんとうのことをいうと、サービスレベルをうんと高く設定しても、どうしてもお客さまに届かないサービスが発生するものだ。

接客をはじめとしたサービスは、クリエイティブの仕事とよく似たところがある。コストと手間をかけようと思えば、いくらでもかけられる。

しかし、**ユーザーや視聴者や読者、つまりお客さまの心に届かなければ、その手間とコストはサービスの受け手ではなく、提供する側の自己満足のために費やされたことになる。**

いわゆる、ひとりよがりの仕事やサービスになってしまうのだ。

できるひとほど陥りやすい自己満足という無駄

鉄道事業やレストラン事業に当てはめていうと、お客さまのいる時間といない時間では、サービスにかけるべき手間とコストは明確にメリハリをつけなくてはいけない。

時間帯によってなすべきことがまったく異なることを前提に、ローテーションやタイムスケジュールをよく考慮し、人員配置や設備投資を行わなくてはならない。

もうおわかりだろうが、トップクラスのサービスになればなるほど、この**事前の段取りをどれほどこまかく適切に行えるかでコストが大きく左右される。**

サービスは、自己満足からまず削る。

そうすると、案外数字はぐっとスリムになる。トップクラスのサービスを誇る事業や商品でも、黒字という夢がぐっと身近に感じられるようになる。

実際に業務に携わっていると、自己満足の部分を見つけ出すのはそう簡単ではないし、時間のかかることだ。

高度な仕事であればあるほど、自己満足という名の無駄が生じる。

これは、**仕事のできるひとほど胸に抱いておくべきこと**である。

21

安全は赤ちゃんと同じ

最も大切な安全でも、つねに意識するのは難しい

まず、ここのタイトル「安全は赤ちゃんと同じ」について若干の解説を加えたい。

この言葉は、私が社長時代に自分に言い聞かせたものだ。

トップは、つねに安全のことを考えなければいけない。

ほかの仕事にかかりっきりになると、安全のことを意識しなくなる。安全をほったらかしにしてしまうのだ。

赤ちゃんにかまってあげず、ほったらかしにすると、赤ちゃんは自分に注目してもらおうと、やたらぐずったり、駄々をこねたり、泣きわめいたりする。

安全もそうだ。安全のことをほったらかしにすると、**安全は駄々をこねる。**

安全が駄々をこねるとどうなるか。**事故が発生する**のだ。

経験上、そのように考えると納得がいくことが多かった。

だから、トップはつねに安全のことを第一に考えなくてはいけないと自戒をこめて強く思うようになった。

そういうわけで社長就任以降、いちばん心を砕いたことは**安全**についてである。

事業の多角化が進んだとはいえ、**ＪＲ九州の本質は鉄道会社**であることに変わりはない。

鉄道会社にとって、最も大切なことは安全である。

すべての社員もそのことはよく理解している。日々安全な行動を怠らないよう注意を払っている。

しかし、安全というものは、あまりにも日常的な目標であって、ともするとマンネリ思考の愚に陥りやすい。それは安全への意識が薄らぐことを意味する。安全行動そのものを失する機会、つまり事故がもうそこには近づいている。

危ない。

それがいちばん怖い。鉄道会社のトップとして、最大の力を注がなければいけないのが安全である。

いかに社員に安全に対する意識を強くもたせ、**緊張感を維持**させるかが、トップの最大の使命なのだ。

そこで、安全に関する言葉をつくって社員に投げかけた。社員からも、「安全意識が高まった」とけっこう評判がよかったので、ここで紹介したい。

クリエイティブに安全に取り組む4か条

1　安全意識は眠りやすい

安全への意識はちょっと油断すれば、あるいは単調な仕事に慣れたときに薄れてしまうものだ。

そのことを**「眠りやすい」**と表現した。

どんな優秀な社員でも、無事故を継続しているベテラン社員でも、入社間もない初々《ういうい》しくて緊張感を漂わせる若手社員でも、安全への意識は等しく眠りやすい。

「そんなことではプロとして恥ずかしい」と口をとがらせてもはじまらない。プロでも眠りやすいものは眠りやすい。

では、プロならばどうするべきか。

最初から、「安全意識は眠りやすいもの」と覚悟することだ。

安全の意識は眠りやすいと割り切っているから、逆にその眠りからつねに目覚めるようなことをすればいい。

ひとを眠りから覚ますには、ふつうは相手の体を動かしたり大きな声を出したりする。「起きなさい」と語りかけながら体を揺する。

安全意識に対してもそうだ。

眠らないように自分の体を動かし、自分で自分の安全意識に対して声を出す。

そのためのとっておきのものがある。

それは、**指差し確認**だ。

鉄道員の基本動作である、指差し確認をいま一度励行するのだ。

「出発進行」

「場内停止」

「戸閉めよし」

「右よし、左よし」

指先まできちっと伸ばし、大きな声で指差し確認することで、眠りやすい安全意識を覚醒させることができる。

ＪＲ九州の得意技、**「行動訓練」**（↓76ページ）も、指差し確認をはじめとする基本動作の徹底を図るために定着したものだ。

2　あとひと手間、もうひと確認

これは、どの仕事にも通じる言葉だと思う。

仕事の仕上げに、あとひと手間を加えるだけで、仕事の出来栄えが違う。

そのひと手間に、手がけるそのひとの最後の思いがぐっと入りこむ。

ひとつの仕事や作業の最終段階でどうしても気になるところだけ、もう一度チェックする。

経験上、**最後のもうひと確認で重大なミスを発見**し、事なきを得ることが少なくない。

仕事のできるひとは、最後のひと手間を欠かさない。最後のもうひと確認が必ずなされている。

「あとひと手間、もうひと確認」

安全をつくるうえでも、非常に大切な意識だ。

3　倦《う》まず弛《たゆ》まず

安全にかかわる仕事は、ともすれば単調になりがちだ。

単調なあまり飽きてしまったり、緊張感をなくしてしまったりする。そうならないように戒めの念仏として、「倦まず弛まず」と唱えたらいい。

4　安全はつくるもの

「安全を守る」といった表現がよく使われる。

これは、じつは正しくない。

安全は、その現場にもともと存在している。何もしなくてもそこに安全がある。それをなくさないように〝守る〟。そんな思いこみから導かれる言葉だ。

安全は、決して誰かがあらかじめ用意してくれるものではない。以前からそこにあるものでもない。

現場には、本来危険があふれているもので、守るべき安全が存在する余地などない。

つねにどんな危険が飛びこんでくるかわからない。それが現場だ。

安全は、守るものではない。

その瞬間、瞬間に基本動作を繰り返し、安全意識を呼び覚ましながら、**みずからつくり、育むもの**なのだ。

22

隠蔽は百たたきの刑！

いつでも嘘、偽り、ごまかしのない行動を

大事に進めた仕事ほど、いよいよという場面で、アクシデントやなんとも都合のよろしくないことが起こるものである。

そんなとき、組織はどうあるべきか。

結論からいうと、**包み隠さず、すみやかに内外に知らせる**べき。

これ以上の方策はない。

この逆をいくと、間違いなく取り返しのつかない事態を招く。

２０１３年10月、ななつ星は関係者一同の狂気（！）といってもよいほどのエネルギーが集まり、高まり、いよいよ開業まで1週間というタイミングを迎えていた。「序・破・急」の論理で、ブランド戦略を考え、情報を段階的に出していく手法などが功を奏し、メディアの注目度も日増しに高まっていった。

記者の皆さんとのコミュニケーションも深まり、にぎやかな歓迎ムードがいよいよ高まっていた。

そんな最中の２０１３年10月8日、アクシデントは発生した。

ななつ星が試運転を行うなか、電柱との接触事故を起こしたのだ。

このときに判明したのだが、在来線の駅内の架線柱が規定にあるべき位置より内側につくられてしまっていた。

既存の列車と比較して、規定のギリギリまで大きくつくってあったななつ星が、その架線柱に接触してしまったのだ。さらにいえば、乗り心地のよさを増すためにやわらかなサスペンションを使っているがために、カーブで車体が傾きやすいという特性も作用した。

このアクシデントにより、見逃されていた当社路線の問題点が〝見える化〟した。

一方で、ななつ星が列車としてのポテンシャルをギリギリまで追求し、それでいて規定にきちんと収められたものだったことがはっきりした。

これはとてもよいことだった。


しかし、総工費30億円をかけた豪華寝台列車であり、料金も最上級のリゾートホテルや豪華客船レベルのものであり、さらにはブランドイメージを上げげんとして懸命になっていたプロセスでのこのアクシデントは、なんとも痛いものだった。

なんとも痛いものだったが、当社のモットーのひとつは「**誠実**」である。

中期経営計画「つくる２０１６」には、【誠実をつくるために】の一項として、

「**嘘、偽《いつわ》り、ごまかしのない行動により、ＪＲ九州グループに関わるすべての人たちからの信頼を築きます**」

と記していた。

嘘や隠し事は絶対によくない。

社員たちにも徹底して訓示してきた。

そして、地域の皆さんにも、折にふれてはっきりと宣言していた。

だからすぐにこのアクシデントのことを広報を通じて、公表することにした。

苦渋の決断だったが、これがＪＲ九州という会社だと改めて決意表明するくらいの覚悟で

断行した。

やはり、応援してくれていたメディア各社の記者たちは、社内の編集長やデスクから「ななつ星開業直前特集」の記事の縮小や差し止めを指示されたと連絡がきた。

涙ながらに記事が削られたことを報告にきた記者もいて、こちらも目頭を熱くすることとなった。

アクシデントをきっかけに名声が高まった理由

一方で、首都圏のメディアにはこのアクシデント公表をきっかけに、ななつ星のことをもっと大きく取り上げようという動きが表れた。

これはまったく意外なことだったが、当社広報の発表にふれた彼らいわく、そのようなリスクを負ってまで九州のＪＲがすごいことをやろうとしているんだ！　と驚きをもって受けとめたのだという。

まさに、禍《わざわ》いを転じて福となすであった。

結果として、このアクシデントが、ななつ星のことを中央のマスメディアにストレートに理解してもらえるきっかけとなった。

いままでなかなか例を見なかったようなことに大胆に取り組み、大胆なだけでなく誠実に立ち向かっていることを見出してもらうことができた。

正直に、誠実に、打ち明けてみるものである。

後日聞いてみると、メディアの記者たちはアクシデントの事実以上に、ななつ星というチャレンジを知り、「世界に勝てる」とか「世界一」とか「日本人はやっぱりやればできる」といった思いにいたったという。

もしも、あのとき隠蔽に走り、のちのち明るみに出るようなことになっていたら、「世界に勝てる」などという言葉は、出るはずもなかっただろう。

そして、ななつ星はきっといまのように元気に走り続けてはいなかっただろう。

企業や組織の隠蔽体質が、アクシデントやミス、誤り以上に激しい批判の対象となるのは近年の諸事例を見ると明らかである。

一瞬の迷いが、未来を大きく変えてしまうことがある。

一方で、禍いがよい手段を教えてくれ、幸運へと導き招いてくれることもある。

このアクシデントは、組織のリーダーとしては得がたい経験だったといまも思う。

23

まわりのひとを楽しくすると、自分も楽しい

私たちは社会の風景の一部だ

君子坦蕩蕩。小人長戚戚。

「君子は坦《たん》として蕩蕩《とうとう》たり。小人《しょうじん》は長く戚戚《せきせき》たり」と読む。

外食事業のリーダーとして黒字化と新会社設立を目指し、遮二無二働いていた時代に座右の銘のひとつとして紹介していた『論語』の一節だ。

君子はいつものびやかに楽しそうにしている。小人はいつもせかせかしてセコセコしている、そんな意味である。

私がまちを歩いていて、このひといいなと思うひとは、**楽しそうに歩いているひと**だ。明

るい表情で楽しそうに歩いている若いひとなどは、見ていても気持ちがいい。

私たちは皆、社会の風景のひとつであり、世の中を構成するひとりなのだから、自分もいい表情で歩かなければと、つねづね心がけている。

ライバルも尊ぶ崇高な態度

私が大いに影響を受けた外食産業のプロや、若かりし時代に出向し、多くの学びを得た丸井の方々などは、「坦として蕩蕩たる」お手本のようなひとたちだった。

外食のプロは敵情視察に行くと、よい店でもそれほどサービスも味もよくない店でも、会計のときには笑顔で「ごちそうさま！　おいしかったよ」という。すると、応対中の店員やまわりのスタッフが喜び、店内の雰囲気も少し明るくなる。

これは見ていて、相当に崇高な光景だった。

〝敵〟ではあるが、同じ産業で働く同朋だという態度で、**笑顔と感謝の言葉をもって喜びと希望**を与えていた。

丸井の社員の方々は、他社の百貨店を視察する折、必ず1階の入口前でコートを脱ぎ、お辞儀をしてから店内へ入った。そして帰るときも1階でお辞儀をして、さっそうと笑顔で店から出ていく。

相手はライバルだが、同じ産業で働くひとたちに**敬意**を表していたのである。

自分たちが生きる社会において、どういう存在であるべきか。

多くの会社が唱える理念だが、それはたったひとりの小さな振る舞いからはじまっているのだ。

JR九州のような会社で働く社員は、まさに社会のよき存在でなくてはならない。「地域を元気に」するものとして、私たちはつねに快い存在でなくてはならない。

きっぷをたくさん売るのが仕事ではない。それはただの作業だ。

JR九州のファンを増やすことこそが仕事なのだ。

私はいつも社員にそんなことを説いている。

立場の弱いひとにこそ気遣いを

道を歩きながら、よその会社で、競争相手の前で、悠々と明るく礼儀よく振る舞うことができる人間は、きっと組織に帰ってきたときに、まわりを明るく元気にしながら働く戦力となる。

丸井の名番頭と呼ばれ、同社副社長を務められた酒井米明《さかいよねあき》さんは、まさにそういった組織を象徴するお手本のような存在だった。

私が丸井に出向していた当時、人事部長でいらした酒井さんのもとには、若い社員やアルバイトがいろんな相談に訪れていた。

一方、経営陣にとっても、たいへん頼りになる存在だったのだろう。役員、部長級の方々もしばしば人事部長室のドアをノックしていた。

あるとき、若いアルバイトの相談に乗っているとき、役員クラスの方が酒井さんのもとにやってきた。しかし、酒井さんはその自分より高い職位の役員がすぐさま話をはじめようとするのを「少々お待ちください」と制し、**アルバイトの話に耳を傾け続けた。**

また印象的だったのは、酒井さんが丸井の店舗に赴《おもむ》くと、まず**パートやアルバイトに真っ先に挨拶**することだった。

口には出さずとも、相手が誰であろうと、たとえ弱い立場のひとでも、**平等に対等に接しようという強い決意**がそこには感じられた。

悪い報告ほど笑顔で聞く

そんな心の師匠からの学びもあり、私も相手が社会人1年生であろうと、政財界のエラいひとであろうと、いわゆる怖いおっさんであろうと、ひとりの人間として尊重しようと心がけている。

次長以上の大小さまざまな部署、チームのリーダーたちにもよく話す。

部下の社員たちも皆、それぞれのご家庭からの預かりものである。

それぞれの人間にその歴史と未来があり、家族がいる。

仮に仕事上のことで叱らねばならないことがあったとしても、**仕事と関係のない次元で非難したり、訓示を垂れたりしてはならない。**

リーダーや上司として、たまさかひとの上に立つならば立つほどに、**のびやかに。**

せかせかしてセコセコしてはいけないのだ。

そういうわけで、**悪い報告ほど笑顔で聞く、**ということもみずからに課していたりする昨今である。

24

非常識はおいしい

常識とは異なる発想が生んだ絶品たまご

たまごは洗ってはいけない。

「たまご博士」と呼ばれる方からいただいた言葉である。

富山県にあるセイアグリーシステムの伊勢《いせ》豊彦《とよひこ》社長。この方の教えをたまわったことにより、ＪＲ九州は、全国に知られる「うちのたまご」というヒット商品を手にすることになった。

ＪＲ九州ファームが営む福岡の内野宿《うちのしゅく》にある養卵場でつくられるから、「うちのたまご」。いい名前だ。

（もちろん私が考えた。えへん）

メディアで「絶品たまごかけごはん」といった描写とともに報じられるこの商品は、伊勢社長直伝の、一般的な常識とは異なる知見と発想から得られたものだ。

鶏に学ぶ、鵜呑みにしてはいけないこと

はじめから心をつかまれた。

イラストやマンガによくある、たまごのとがったほうからヒビが入って、雛がかえるシーン。これを、たまご博士は「許せない！」といった。

たまごについて語られる常識は、博士こと伊勢社長によってことごとく覆されることになった。

1 たまごには、丸いほうの殻に無数の気泡があり、そこから雛は酸素を取り入れ、発育する。だから雛は、丸いほうから殻を破って顔を出す。たまごはとがったほうでなく、**丸いほうが上**なのだ。

2
鶏は子孫をつくるために、たまごを産む。卵白が雛の体を形成し、卵黄は雛がかえる直前と直後の栄養源となる。殻のカルシウムは雛の骨格に供給される。**生命体として生まれ育つための栄養がバランスよく構成されたもの**が、人間にもおいしく安全なたまごとなる。

3
たまごに特徴をもたせるために、特殊な成分を親鶏のエサに配合する例も見られるが、結局栄養に偏りが出て、親鶏の健康が害される。衛生面を留意するという理由で抗生物質や抗菌剤などを混ぜたエサを食べた親鶏は、骨がもろく、不健康になる。その親鶏が産んだたまごも不健康なものとなり、割ってみると黄身は平たく伸びてしまう。伊勢社長のところでは、本来の条件で得られる鶏の食物を考慮し、ひとつの生命をつくるための栄養がバランスよく入ったエサを使う。

4
一見よさそうに見えるが、鶏の大群を平地に放つと、本能が顔を出し、仲間同士でケンカをはじめ、鶏にストレスが溜まりやすい。また、病気や寄生虫の影響を防ぐことも難しくなる。
一方で、ギュウギュウの機械管理型のケージに詰めこんでの飼育はやはりよくない。セイアグリーシステムでは、ひとつの鶏舎ごと一度に120日齢の雛を一定数だけ入れて、

15か月後に一斉に出すオールイン・オールアウト方式のケージ飼育を実施している。オールアウト後の鶏舎は、徹底的に水で洗われ、消毒され、1か月保全される。そういった環境で育った親鶏からは、**こんもりと黄身の盛り上がる、健康なたまご**が得られる。

5 健康的に育ったたまごは、洗う必要がない。むしろ、**洗わないほうが、鮮度が保たれる。**ほとんどの養鶏場では、出荷前に洗浄作業が組みこまれている（伊勢社長はこの現状に憤慨していた）。

健康な親鶏が産んだたまごの表面は、クチクラというタンパク質が覆っており、これは空気は通すがカビや微生物は通さない。セイアグリーシステムの農場では、現在では一日十数万個を出荷するが、1977年の初出荷から**「セイアグリー健康卵」は洗わずに出荷し、サルモネラ菌の発生例は一度もない**という。

世間の常識なんてものは、鵜呑みにしてはいけない。

そのことは伊勢社長の教えを守り、うちの会社の内野宿養卵場で「うちのたまご」を日々産む鶏が毎日教えてくれる。

（鶏だけに鵜呑みはよくないと）

ヒット商品の次の目標は黒字

そもそも、ＪＲ九州という鉄道会社が農業に乗り出したこと自体が、世間的にはまったく常識破りのことだった。まずはその殻を破ったことにより、特定のヒット商品、ブランドにいたることができたのだ。

もっとも、ヒットは生まれたが、農業事業自体はまだまだ黒字の夢を達成するにはいたっていない。

ＪＲ九州グループ全体の２０１７年度決算の数字を見る限り、はっきりとした逆境にあるのは農業だけである。

このあと、もうひとつか２つ、常識の殻を破らなくては。

逆境では夢しかないのは、先にも述べたとおりである。

25

見えないところも全部きれいに

高級ホテルよりピカピカのデザイン事務所

4か月の研修に赴いた丸井では、**毎朝5分の掃除**を全社員に課していた。

いわく、毎日5分でも、年間ではおよそ20時間以上掃除したことになると。

ななつ星のデザインを担当した水戸岡鋭治さんのドーンデザイン研究所では、毎朝8時30分から1時間かけて全員で事務所の掃除を行う。

いわく掃除によってものを大事にする心が芽生え、建築素材の勉強にもなるからだそうだ。

だからドーンデザイン研究所は、1年365日いつ訪ねても、ちょっとした高級ホテルよりもピカピカである。

清掃は最も高貴なサービス

私の本には、いたるところに、清潔、清掃といったキーワードが登場するが、ななつ星においても、**「清掃こそいちばん大事なサービス」という哲学**が貫かれている。

古代漆色の車体は、運行開始からおよそ5年を経たいまでも、見事に磨き上げられている。内装も、天然素材の経年変化と日々の磨きの輝きが交わって、えもいわれぬ風景を創出している。

つねに端正で、古びない。アナログで、ひとの手によって守られるクオリティ。

水戸岡さんがスペインで視察した観光列車は、車内が狭いなどの反面教師的な部分も多々目についたが、**とりわけ感心したのがスタッフがよく動く、働くこと**だったという。

毎日早朝から清掃作業が行われ、少人数だが列車がピカピカに磨き上げられていく。もともと「4S」(146ページ)の推奨者である水戸岡さんは、ここでも清掃の大切さに感じ入った。

ラグジュアリーなものこそ、清掃がいちばん大切なサービスだと。

屋根までピカピカの「ななつ星」

ななつ星のクルーたちは、出発前にアメニティなどすべてのセッティングを行い、発車したら全員参加で夜中でも合間合間で清掃を行う。お客さまに接していないとき、**彼らは列車にふれ、そのクオリティをまた実感し、その維持状態の確認をし、お客さまの快適度に思いをはせる**のだ。

じつは、この清掃にはマニュアルは存在しない。あるのは**「見えるものは全部きれいに」**、そして**「見えないところも全部きれいに」**という意識だ。

車両基地に戻れば、今度はメンテナンスチームの出番。清掃のプロたちがアナログで清掃にあたる。

ななつ星は、ラウンジカーと最後尾の車両後部にある大きな一枚ガラスの窓が特徴だが、これを含めた**すべてのガラス窓が手作業でピカピカに磨かれる。**

また、外側の屋根の部分までスタッフがモップで一両一両きれいにふきあげる。

車体はピカピカだが、屋根はじつはそのまま、という列車がほとんどなのだが、**上から見ないとわからない屋根まで、ピカピカな列車は珍しい**と皆が驚く。

テクニカルなメンテナンスや試運転は、運休日の月曜にもっぱら行われるが、運行中でも設備の不具合があった場合には専門のスタッフがかけつける。

たとえば、客室のエアコンが故障したら、すぐに専門のスタッフがかけつけ、ななつ星専用の白いユニフォームに着替え、客室へと向かう。

ここでもやはり**「見えるものは全部きれいに」「見えないところも全部きれいに」**なのである。

ななつ星にかかわるすべてのひとが、その場を大切な場所だと考えてくれている。だから、きれいにしておこうと心がけるし、みずからも皆の視界に入って障りのない、快い存在であろうと心がけるようになってくれている。

これはすべてのものづくり、まちづくり、ひいてはひとづくりにつながっている。

まずは目の前を、毎日少しずつお掃除を。

いかがだろうか。

〝見られる化〟で社員が輝き出した

産業界で〝見える化〟という言葉が強調されて久しい。

これは現場の問題解決能力を高めるために、仕事内容を視覚的に把握しやすいように表現していこうとする経営手法を指す。

定量的に測定しにくいものを数値化したり、図やグラフを用いたりして、組織内で情報を共有し、問題発見の容易化を図るというものだ。

誠にけっこうな話だが、私たちの会社は、数多くのお客さまと社員たちのコミュニケーションによって成り立つ仕事である。

だから、ひとがひとに「見られる」ことの効用について先行してずっと考え続けてきた。

女優やモデルは、見られるから、きれいになると聞く。

あれは真理だろう。見られているという意識があるから、表情や身だしなみ、歩き方や話し方、ちょっとしたしぐさのひとつも洗練されてくる。

緊張感を保ち、いらぬスキを見せなくなるのだ。

大分駅の高架化事業と駅ビルのリニューアルに着手したころ、**駅長室をガラス張り**にしたことがあった。高架化に伴って新たに設けられた駅長室は、改札を入ってホームに続くコンコースに面していて、大勢のお客さまが駅長室の横を通るレイアウトになっていた。

普通の駅と違うのは、駅長室とコンコースの間の壁が透明の大きな板ガラスということだった。つまりコンコースから駅長室が丸見え。駅長が机に向かって執務にあたっている姿が大勢のお客さまの目にふれる。当直の助役から業務報告を受ける姿、駅員たちとミーティングを行う姿。それらがすべて丸見えなのである。

立ち止まって、動物園の檻《おり》の中のゴリラを見るような目で観察する女子高生。駅長がバタバタと立ち働く姿にクスッと笑うサラリーマン。コンコンと思わずガラス窓をノックしてしまうご婦人たち。


ここで当時の駅長がエラかったのは、透明なガラス板の内側にちゃんとしつらえられていたカーテンを閉めることなく、**つねに全開**にしていたことだった。

ほどなく駅長の態度は変わった。本社で駅長たちを集めてミーティングをしてみると、**話す声の力強さや表情**がほかの駅長たちと明らかに違う。つねにアドレナリンが出てしまっているせいなのか、なんだか上司の私に対する態度もデカくなったような……。

冗談はさておき、同様の効用は、ほかの駅でも確認された。

長崎の佐世保駅では、販売カウンターで行列ができても、誰も気づかないということが多々見受けられていた。駅員たちの身だしなみや態度に、どことなく緊張感もなかった。

そこでお客さまがいらっしゃる販売カウンターと駅事務室との間にあって間仕切りの役をはたしていたロッカー、カーテンをすべて取っ払ってやった。

ガラス越しどころではない。素通しである。

これらの例を参考に、駅員と職場の〝見られる化〟をどんどん進めていった。

組織に「氣」を呼びこむには？　という質問をよく受けるが、私どもの会社においては、**〝衆人環視〟の場で仕事をしてもらうという手段が非常に有効**であった。

案外同じ効果を得られる業種や会社も多いのではないだろうか。

26

管理職手当は靴代

管理職は歩かなくてはならない

「さて、管理職手当とはなんでしょう？」

国鉄時代の大分駅でのこと。

人事課長を務めていた私は、「人事課長講話」というもっともらしいお題を与えられた時間に、あれこれ考えた挙句、手当というお金の概念について話すことにした。

「皆さん、管理職手当は何に使いますか？」

ある管理職のひとりが答えた。

「そりゃあ、生活費の補塡《ほてん》とか子どもの教育費とか」

「違います！　それは管理職でないひとの使い道です」

「じゃあ、部下におごる飲み代とか？」

（確かに、ＪＲ九州はやたらと飲み会の多い会社だが……）

「それも違います！」

管理職手当は「靴代」なのだ。

そう答えると、駅長は自分の靴をまじまじと眺め、考えこむ。

いい靴を買いなさい、という話ではない。

何足も数を買わざるをえない、というのが要点の話である。

リーダーは会社と地域に精通すべし

ある日、ある駅長に「近くでおいしい店はどこ？」「おすすめの名所は？」「まちのキーパーソンは？」と尋ねた。

しかし彼は「あのー」「えーと」というばかりで、何ひとつ満足に返答できなかった。

当社の信条のひとつは「地域を元気に」だ。

しかし、彼は元気にするどころか、ちっともまちのことを知らなかった。彼はまちのインフラの主要部である駅のリーダーのくせに、まち全体はおろか、駅のまわりすら、ろくすっぽ歩いていなかったのである。

違う駅でも駅長に「市長ってどんなひと？」と尋ねたら、悪い冗談じゃないかと思うほどに、まったく市長のひととなりについて彼は知らなかった。

私はこの2人の駅長を珍しくきつめに叱った。


それでは「地域を元気に」などできないではないか！

地域とコミュニケーションをちゃんととらない駅長なんて最低じゃないか！

当たり前のことができていない。こういうことについて私は怒るのだ。

地域を元気にするためには、まずは地域のことを知り、地域のひとを知ることが必要だ。ごく当たり前のことである。

最初はあまり歓迎されないところにも、臆せず何度も足を運ぶ。

何度か通ううちに必ず心が通じる。コミュニケーションが成立するようになる。

駅長とは「地域を元気に」する組織のリーダーなのだから、率先してそういうコミュニケーションを図らなくてはいけない。

だから、駅長という管理職の手当は靴代なのである。リーダーとして歩き回り、会社と本人の名前や顔を広く知ってもらい、まちにふれてもらうためのお金である。

また、駅長は何より、駅というまちの重要拠点の見張り番だ。

駅ひとつだって、つぶさにチェックをするならば、かなり広いものだ。

駅構内から線路、看板やポスターをチェックして、まちに出てお客さまに役立つ情報を集め、取引先や関係者やキーパーソンを訪ねて回れば、一日数キロはざらに歩くことになる。

それだけ歩けば普通の革靴なら、1～2か月でボロボロになる。

心に贅肉がついたら、すぐ体に表れる

実際のことをいうと、当社で靴代のかかっていない駅長はきわめて少数派である。駅長たちは皆、駅のまわりを、まちの中を精力的に動き回ることを社是として日々働いている。

ニコニコと笑顔が板についていて、イカツイけれど日焼けしていて、かなり履きこまれて

いるけれど、ちゃんと磨いた靴が足元に認められたならば、それはまさにJR九州の駅長である。

（あまり身内をほめすぎるのはなんだが）

商店街から行政関係者にいたるまで、各地域の方々からこぞって話題にされるような当社の駅長もじつは少なくない。

聞けば、そういう駅長たちは、頼まれもしないのに地域の催しや集まり、時には草むしりやドブさらい、ラジオ体操の類までいろんなところに顔を出し、そしていろんな話をして、聞いて帰ってくるのだという。

私が外食事業において教えを乞うたある経営者は、毎日各店舗をくまなく歩き、のべつ関係先に顔を出したという。

よく考え、よく動き回るリーダーの靴は、放っておくとすぐボロボロになるし、外食の仕事をやりながら、どれほど試飲や試食を繰り返しても、「腹に贅肉《ぜいにく》なんかつきようがないよ！」と話していた。

そして、もし心に贅肉がつきはじめたら、体にもすぐに表れ、やがて会社の業績に余分な債務やリスクが表れるとも。

トップはよく歩き、話をし、勉強をしなくてはならない。そうしないと会社はたちどころにおかしくなる。

手当という言葉を耳にするたびに、大分駅のなつかしい記憶と、その経営者の言葉が思い出されるのだ。

27

メモ魔になるべし

不正事件に学んだメモの大切さ

私はメモ魔だ。

当社の社員にも「メモ魔になるべし」と奨励している。

だから、当社の社員が皆さんのもとを伺ったときには、かなりマメにメモをとっているはずだ。

メモ魔になったのは、ある事件がきっかけだった。

かつての身内の話だから恥ずかしいのだが、国鉄時代最後の勤務地、大分で人事課長をしていたときに、どうも不正が発生しているようだとの報告が上がってきた。

現場の社員が古いレールを横流しして不当な利益を得ている、という。

私は人事課長という立場上、当該社員の聴取を行うことになった。

聴取にまで及ぶ、かなりはっきりとした不正疑惑だったので、あっさり彼が罪を認めて、すみやかにしかるべき手続きに移るものとばかり思っていた。

しかし、これが難航した。

事に及んだと思われる日時について聴取を行うのだが、当該社員はひとつひとつ非常に論理的に反証を行った。

事こまかにアリバイを主張するのである。

彼こそが、メモ魔だったのだ。

「○月○日は？」と問うと、「自分は○月○日はコレコレをやっており、ドコソコにいました」とじつに具体的に答える。その回答どおりなら、彼が不正に手を染める時間は存在しなかったことになる。

彼には、日ごろから自分の行動をこまかくメモする習慣があった。

過去の日付においてこまかいメモが膨大に残っていたから、嘘でありながらこまかい反証を構築できたというわけだ。

最終的には、彼の嘘は手詰まりとなり、不正を認めさせるにいたったが、思い返してもかなりの強者《つわもの》だった。

強者の武器がメモだった。

皮肉な反面教師もいいところだったが、メモの力と効用を改めて強く思い知る機会となった。

そんな私もメモの効用は少なからず知っていた。

入社2、3年目に国鉄本部で山手線の指令室の仕事を半年ばかり務めたときに、自身の指令内容と応答内容をメモせよと先輩社員から指導されていた。

指令という仕事は、特に列車ダイヤが乱れたときに、駅や運転手とかなり頻繁なやりとりをする。これをひとつずつメモしておかないと、何かマズいことが起こってしまったあとに、いった、いわないの攻防になってしまう。

会社としてよいことも悪いことも立証できないし、ややもすると、落ち度もない個人が大きな責任をとらされてしまうことだってあり得る。


いざとなったとき、メモは証拠になり、武器となるのだ。

メモはワンワード、キーワードで

このような経験から、私は、かなりのメモ魔になった。

会議や打ち合わせなどに参加しながら、**手帳には、ワンワードかツーワードで、キーワードや固有名詞を時系列に記す。**

終了後必要が生じて、なおかつ時間が許せば図やスケッチを描く。

デスクにかかってくるオフィシャルな電話の内容は必ずメモをとる。約束事を忘れると厄介だから、自分がいったこともメモにする。やはりワンワードかツーワードずつだ。

お目にかかって、気になるひと、大事な相手、これから長いつき合いになりそうだなと思った方については、そのひとの名刺にメモする。

若いうちからメモの癖をつけるべし

若いひとは、放っておくとメモをとらない。

自身の記憶力を過信しがちで、実際それで乗り切れることも多いから、なかなかメモをとらないのだろう。

しかし、話をしていて気づくのだが、肝心なことに限って忘れていたりする。

そういうときに、ほれ見たことかと、メモを強くすすめる。

メモは若いうちから習慣づけておいたほうがいい。自分にとって最もやりやすく、あとから見たときに記憶を呼び覚ましやすい、再現可能なメモのとり方を見つけておくのだ。

私の場合は、いまも昔もワンワードかツーワード。

そのメモのとり方で、20年前の手帳をいま見ても、あざやかに思い出せるエピソードがいっぱいある。

その場所や、会話内容、話していたひとの表情。

そのころ流行っていたもの、まちの景色……。

宝物のような記憶の山が、目の前に映し出される気持ちだ。

私など、若い時分にメモだらけにした手帳のおかげで、こうやってこの年齢と職位になってから、本まで書けるようになったのである。

第4章

仕事とは伝えること

28

「伝える」プロになる5か条

伝えるには手間と技がいる

ある事故が発生して、1か月ほど経ったときのこと。

「この前の事故対策について、すべての現場に行き渡っているか」

事故直後に私から直接指示を受けていた部長は、胸を張った。

「はい、すべての現場に、あの事故の対策に関する詳細なレポートを3枚の資料にして配布しました」

「ほんとうに、各現場には伝わったのか」

「はい、間違いなく伝わっています」

伝わっていなかった。

後日現場を回ったとき、ある現場長にそのことを確認すると、ほとんど理解していなかった。このように、伝えることはなかなか容易ではない。

伝える側が伝えたと思っていても、伝えられる側に正しく伝わっていなかったら、それは伝えたことにならない。私の格言。

「伝えても、伝わらなければ、伝えたとはいえない」

新鮮でオリジナリティのある言葉で伝えよう

リーダーが部下たちに伝えるとき、どんなことに留意しなければいけないか。

私は、次の5つのことについて気をつけている。

1　自分の言葉で語る

トップは、さまざまなことを社員に伝えなければいけない。

創業者がすぐれているのは、社員に訓示をしたり発破をかけたりするとき、必ずみずからの言葉で語ることだ。

トップみずからの言葉で語ると、トップみずからの思いが社員の心に響くのだ。

そこそこ組織が大きくなると、社長室とか経営企画部とかがしゃしゃり出てきて、社長のメッセージを代筆することがよくある。

これでは、なかなか社員の心に届くようなものにはならない。

トップには、トップしかもちえない夢とか危機感とか思いとかがある。そのことは、トップ以外のひとには、１００％理解できないところがあるのだ。

2　心に刺さる言葉と話し方で表現する

どうすれば、ひとの心を打つか。

どうすれば、ひとを自分が考えている方向に進ませることができるのか。

それには、ひとの心に刺さる言葉を選び、ひとを感動させる話し方をすることが大事だ。

だが、なかなかそうはならない。

誰もが、最初から「伝える」プロではない。

しかし、プロに近づく方法は存在する。

情報の受け手の気持ちになることだ。受け手の身になって、受け手がどんな言葉に、どんな話し方に心が動くのか推し量ってみると、少しずつプロへの道が見えてくる。

数を絞りこみ、繰り返し、近寄って伝えよう

3　情報を絞りこむ

次のエピソードでも詳しく述べるが、あることを伝えようとするときは、そのことと関係のない余計な情報を伝えないことが大事だ。

情報の受け手にすれば、一度に大量の情報を得ても、すべて消化吸収することは困難だ。伝える側は、これだけは伝えなければいけないということだけに絞りこむべきだ。

余計な情報は、大事な情報を駆逐してしまう。

4　繰り返し何度も語る

トップは、夢や経営方針、重要な戦略など、大事なことは繰り返し何度も語らなければいけない。

組織のなかには、さまざまな情報があふれている。

あふれているから、トップからの情報であっても、多くの情報のなかで埋もれてしまうことがよくある。

そして、何より社員たちは、無意識のうちにトップの本気度を測ろうとする存在である。

ある方針について、トップが一度だけ語ったとする。聞いた社員たちはそのトップの考えをちゃんと知るにいたる。

しかし、それは知るだけに終わることが多い。

トップの話のとおりに行動するところまではいかない。

トップが方針について繰り返し何度も語ることによって、社員たちはただ知る段階から、「社長は、このことについて本気なのだ！」との理解と行動にいたる。

行動すべきかどうか、社員たちはトップの本気度で決めるのだ。

5　2メートル以内で語る

現場長を一堂に集めた大きな会議で、社長が経営方針なり重要な戦略について語る。

このことは、情報を一度に大勢のひとに伝えるという点において、とても大事なことである。

しかし、さらに現場長にその情報を理解してもらうには、もう一歩踏み出した情報の伝え方が必要だ。

現場を回り、現場の社員たちと直接コミュニケーションをとることがその第一歩になる。できれば、2メートル以内で対面して語り合うのが最もいい。

大きな会議を3回開催するより、一度でも2メートル以内のコミュニケーションをとるほうが、はるかにトップの考えが伝わるものだ。

29

情報は3つに絞りこむ

聖徳太子だって7つが限界

複数の情報を一度に伝えるのは、たいへん難しい。

聖徳太子は、一度に7人までなら、それぞれ別々の相談を受けても、瞬時にひとりひとりに的確な回答や意見を述べたという。

現代の家庭の主婦が、冷蔵庫に入れてある食品について思い出せるのは、せいぜい7種類までとか。

この2つの例をもとに、ひとに一度に処理させる情報の数は7つまでがよい、といいたいわけではない。

賢者の誉れ高きひとでも、7人の話を聞くのが限界。

絶えず冷蔵庫の中身を確認し夕食の献立を考えている偉大なる主婦にしても、7種類くらいの食品しかとっさに浮かばない。

これらから考えるべきこと。それは、私たちのような凡人がきっちりと理解できる情報量は、7つどころかもっと少ないはず。

だから、情報の送り手に回ったときには、その数はうんと絞りこまないといけない。

このエピソードはそんな主旨である。

駅の掲示板に象徴される無駄な情報の多さ

「悪貨は良貨を駆逐する」

このグレシャムの法則と同様のことが情報にも当てはまる。

非常に重要な情報に限ってうまく伝わらず、広まらず、どうでもいいような、時にはスキヤンダラスな要素を含んだ情報に限って広く流布する。

会社でも同じことがよく起こる。地味だが大切な情報はなかなか行き渡らず、定着しない。一方、噂話の類が広まるスピードの速いことよ。

まず一度に伝える情報は、大切なものだけにして、数も7つどころかうんと絞りこむ必要がある。

社内情報の伝達手段は、会話、会議、手紙、印刷物、メールにSNS、イントラネットとさまざまだが、私たち鉄道業界では「掲示板」というものが社内連絡手段としていまでも多く活用されている。

そして、このきわめて古典的でアナログな情報ツールは、情報というものの本質を見せつけてくれる。

当社の職場には、必ず何か所かに、掲示板が設置されている。駅や運転区など、運転関係の現場に行くと、本社から送られてきた運転や安全関係の掲示物が掲示板にびっしりとすき間なく貼られている。

現場の社員たちは、そんなに多くの情報をきっちりと受けとめ、中身を理解しているのだろうか。

情報伝達は相手任せではダメ

じつは、掲示物のなかには、きわめて重要で必ず社員に伝えるべき情報と、そうでないものとが混在している。

情報の種類が多いと、重要な情報がそれほど重要でもない情報のなかで埋もれてしまう。

本社から発信された掲示物を貼る役割の職位の人間、すなわち駅長、運転区長らにすれば、本社から送られてきた情報は、とりあえず漏れなく現場の社員たちに、と考えるのだろう。伝わることの定義を、相手が受け取った情報の内容を一応認識するまでとするなら、伝えておこう、ではなく、情報を提供しておこう、というところか。

情報をきちんと理解し、実行に移すかどうかは受け手の意欲や努力や責任感に委《ゆだ》ね、本社からきた情報をとにかく提供することだけはしておこう。概ねそういうことだ。

だから彼らは、毎日次から次に届く情報をそのまま掲示板に、重要度や緊急度に関係なく貼りつけた。

掲示板を見るひとがおそらく認識するだろう、理解してくれるだろう、実行に移してくれるだろう。そんなあいまいな期待のもとに。

3つに絞りこめ

ひとりの人間が処理できる情報の数はたかが知れている。重要な情報が重要でない情報に飲みこまれてしまう。

社長時代、現場長に伝達をした。

「掲示板に掲出する情報は、重要なものだけを3つまでとすること」

その後、本社からの情報はいくぶん伝わるようになった。

おそらくまだ改善の余地はあるだろうが……。

「悪貨は良貨を駆逐する」というグレシャムの法則を情報に置き換えよう。

「多くの重要でない情報は、わずかな重要な情報を駆逐する」

30

あえて手書きにする効用

野村證券の圧倒的な営業力を支える毛筆手書きの手紙

電子化された活字が当たり前のようにあふれているいまだからこそ、手書きの力強さについ目が奪われることもある。

野村證券の幹部社員の方々はいつも、会って数日内には手書きのお手紙をくださる。ただの手紙ではない。**武士のそれのような巻紙に筆でしたためられている。**その手紙の存在感、迫力だけでもう感動ものである。

聞けば、同社では新入社員研修でまず、外回りで一日30人分の名刺をもらってくることを課すという。もらってきたら、その30人に手紙を書かせる。

ここでまず巻紙に筆の手紙術をたたきこまれる。

同社のあの力強い営業力を支えているものは、「毛筆手書きの手紙」なのである。

手書き新聞がウケる理由

翻《ひるがえ》って当社、JR九州。

巻紙、毛筆の鉄則はないが、誇るべき手書きの文化がある。

『鉄聞』だ。

『鉄聞』と書いて、「てつぶん」と読む。

JR九州東京支社が、月刊で発行している情報紙のことだ。

創刊以来、全国のフリーペーパーを集めた専門店などでは、発行後あっという間になくなってしまう号もあるほど人気を博している。

一般に鉄道ファン、いわゆる「鉄ちゃん」のことを〝鉄分多め〟といったりするが、そういうひとだけでなく、私のような〝鉄分少なめ〟なひとにもウケているらしい。

東京支社にはかつて、国土交通省の国会担当として長く活躍され、当社にきていただいた支社長がいた。

一見して堅そうなキャリアのこの方が、「異端を尊ぶ」社風に当初の想像以上になじんでいただき、またフットワークよくさまざまなアイデアを出してくださった。

その方のもとで、支社の若手社員たちに、「自分たちもできることを何かやろう！」という気運が起こり、2人の女性社員が「では私たちは」とはじめてくれたのが、この情報紙『鉄聞』である。

ぬくもりある手書きの手間が心を動かす

『鉄聞』の制作にあたって、2人は徹底的に手づくりにこだわった。

パソコンさえ使えば、誰でも活字の印刷物を制作できるこの時代に、2人は手書きの新聞にチャレンジした。

活字媒体があふれるなか、手書きのほうが読者の目を引くし、当社に関心を寄せてもらえる。

そう考え、文章もイラストもすべて色鉛筆やサインペンで書いた。D&S（デザイン&ストーリー）列車を、水戸岡鋭治さんのタッチとはまったく異なる牧歌的なラインと色で表し

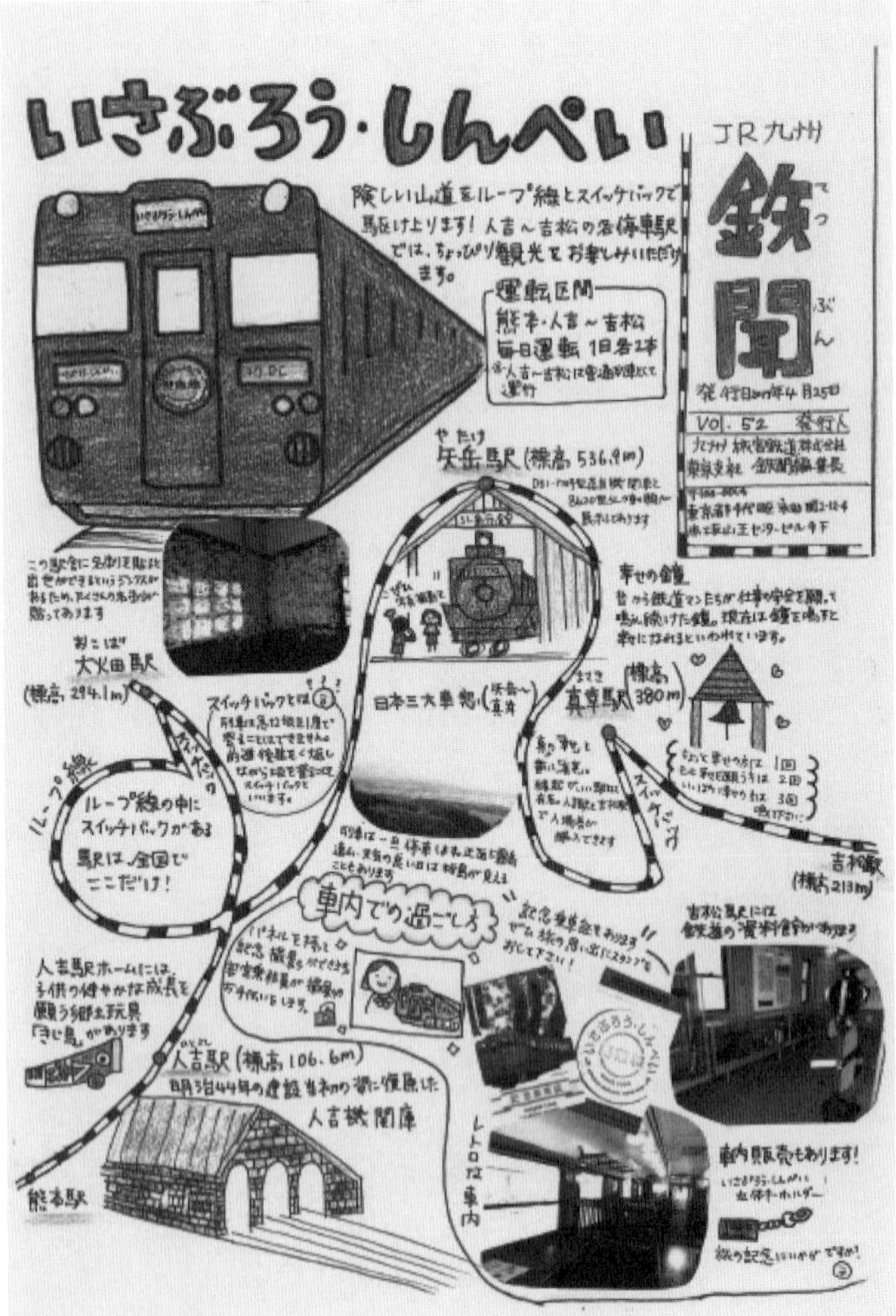

JR九州東京支社より発行される、ぬくもりあふれる『鉄聞』

た。

当社の沿線にある名物やまち並みも、ぬくもりあふれるタッチの絵画で紹介し、読みやすい丁寧に書かれた文字で解説も加えた。

そう、手間がかかっているのである。


手間はお客さまに必ず伝わる。お客さまは手間に価値を見出すのだ。


1枚のフリーペーパーだが、JR九州という会社の**生きざま**をものの見事に表してくれた。ぬくもりあふれるタッチによって、「誠実」であろうとする企業イメージを体現し、活字をあえて使わないという工夫により、宣伝広報手段に進化を加えた。

そして、社員からお客さまにいたるあらゆるひとたちを元気に、つまり「地域を元気に」してくれた。

もちろん、すべての情報媒体が手書きも検討すべし、などとは思わない。

『鉄聞』の手書きは、当社が目指すイメージにタイミングよく見事に寄り添っていたのだ。

2011年夏に創刊された『鉄聞』は徐々に話題となり、『日本経済新聞』など大手メディアでも取り上げられ、２０１３年12月には、日本フリーペーパー振興協会主催の「日本フリーペーパー大賞２０１３」で、読者投票部門の1位を獲得した。

多くのメディアの注目を数々集めながら、いまもなお、『鉄聞』は当社の東京支社から元気に発刊され続けている。

31 文書は、明朝体よりゴシック体・一枚で

大事な情報ほど短くわかりやすく

２００６年、ＪＲ九州の常務取締役総合企画本部副本部長兼経営企画部長を拝命した折、社内の文書作成の決まりを一新した。

それまで明朝体であったものを、すべて**ゴシック体**にした。

ご覧のとおり、私の役職からしてとっても長ったらしかった。当社の文書には鉄道会社らしい専門用語、職位、固有名詞、名前に日時と金額が混在する。情報量も多い。

結果として、大事なことがなかなか伝わらない。

だからまずは、**書体から目に入りやすいもの**にした。

明朝体は保存文書には適しているが、スピード感の求められる伝達やプレゼンテーションには、文字から気合が感じられないからよろしくない。

だから日常で書く文書は、すべてゴシック体とした。

経営者は、効率よくすっと定着するように重要事項を伝えなくてはいけない。だが、なかなか難しい。

私は若いころから、頼まれもしないのに、社内報やさまざまな文書を書いたり発行したりしていたので、実感があった。

1　大事な文書こそ、簡潔でわかりやすくあれ

2　そして、ひとはそれでも見聞きしたことを忘れる

この2つは、私がいまもずっと、口をすっぱくしていい続けていることである。

ちなみに文書の長さは、基本的に**A4サイズ一枚**を推奨している。

大事だと思うほどに、ひとはうっかり長々と語り連ねてしまうものだが、それは逆効果。

伝えたいことは、絞りこまなくてはならない。

「動くホテル」の一行で伝わるプレゼン

九州新幹線がまだ影もかたちもなかったころ、2003年のプレゼンテーションでのことだった。

「つばめ」と名づけられた新幹線のデザインを手がけたのは、水戸岡鋭治さん。

九州にはじめて新幹線が走り出そうというタイミングだから、みんな力が入っていた。

そんな機会のプレゼンだから、山ほどのテキストにビジュアル、グラフの類が詰めこまれた膨大な資料というのがお決まりのはずであった。

しかし、水戸岡さんは違った。

スライドに映ったのは、**「動くホテル」**の一行。

この「動くホテル」というコンセプトキーワードに従って、水戸岡さんは列車の構想について朗々と語りきった。

出席者は驚きこそしたが、そのイメージは具体的に心に刻まれた。

「つばめ」は、ななつ星のような豪華寝台列車ではない。

しかし、九州新幹線は、東海道・山陽新幹線のように、放っておいてもお客さまが詰めかけるような路線ではない。

だから、乗るだけで何かが楽しい、そういう新幹線を私たちはまずイメージしたのだ。

そんな強い思いを、**ゴシック体の大きな文字の一行で表したプレゼン**だった。

よくよく考えてみると、文書ひとつでも姿かたちよく、文字の配置よく、見やすく、目に飛びこんでくるようなものは、ある意味でデザインされている。

水戸岡さんは、**デザインの大前提は整理・整頓**だと繰り返し話すが、私もまったく同感である。

文字のみの文書であっても、情報が伝わりやすいデザインは可能なのである。

整理・整頓された文書づくりを今日からでも。

もちろん、書体はゴシック体で。

32

2メートル以内で語りあえば、なんでも解決する

メールより2メートル！　距離を詰めることは魔法に近い

なんでもメールですませる時代になった。
最近では同じ職場にいても、メールで要件を回す時代だという。

しかし、私はずっと〝メールより2メートル〟である。

「2メートル以内の男」と呼ばれる政治家がいる。

このひと、メディアからたいそう非難を浴びることもある。

テレビなどを通じて観ると、いつも苦虫を嚙み潰したような顔をして、しわがれ声のべらんめえ調。露骨な発言もあり、ただの口の悪い、冗談のすぎるおっさんにしか見えなくもない。

だが、実際に会うと、これがまったく違う。

あたたかなひとあたり、ユーモアに富んだ話しぶり。

誰もが会ってすぐに虜《とりこ》になってしまう。

私が長年信頼を寄せている財界の知己《ちき》も、この人物の長年のファンで、いつもニコニコと最新のエピソードを知らせてくれる。

ひとは、会ってみないとわからない。

何かしら困難が生じたときには背中を向けたり、斜《しゃ》に構えたりせずに、大波に向かう船のごとく正面からぶつかっていくと転覆しない、難局は必ず打開できるというのが私の長年のモットーだが、もっというと、堂々と近寄っていくといい。


相手がひとならば、正面きって2メートル以内の距離まで近づいて、ひざ詰めで話せば、たいていの困難を取り除くことができる。

2メートル以内まで近づくと学びが多い

私が当社のサービス改革に乗り出した折には、多くの企業で4S運動として取り入れられている「整理・整頓・清掃・清潔」に「接遇」という項目を加えて、「5S」として社内の徹底を図った。

「接遇」には言葉遣いと身だしなみ・姿勢・表情についてこまかな項目を設け、社員に配布した。一部を抜粋する。

素直な気持ちで、まず「ハイ」と返事しよう。

相手の話は最後までしっかり聞き、相づち、復唱をしっかりしよう。

お願いやお断りをするときは、クッション言葉を使おう。

すべてのひとに好感を与える清潔な身だしなみに整えよう。

背筋をピンと伸ばして、よい姿勢をキープしよう。

手や腕を後ろに回したり、腕組みしたりせずに、手は体側に添わせるか前で組もう。

最初と最後は、必ずアイコンタクトをとろう。

これらは駅や当社の施設を訪れるお客さまへの応対を想定した訓示であったが、よく考えてみると、2メートル以内のコミュニケーションのなかで私が心得たことばかりだった。

2メートル以内まで近づくと、学びや気づきもまた多い。

面会や電話よりもメールでなんでもすませようという風潮がある。だが、やはり直接顔を見て、声を聞いてもらうことにかなうものはないのではないか。

メールでは〝見られる化〟(↓179ページ)は実現できないし、何より私が大切にしている「氣」を伝えようがない。

メールより2メートルである。

33

ネーミングは親の気持ちで

世界一のネーミングの達人は身近にいる

ネーミングは、事業のコンセプトをひと言で表す重要なものであり、またその成否を左右するコミュニケーションツールである。

では、考えてみよう。

世界一のネーミングの達人は誰だろう。

答えは、子どもが生まれたときの親である。

親は、子どもの名前をつけようとするとき、どんな仕事よりも熱心に勉強し、考えに考え、悩みぬく。

名前に使える字についてあらゆる角度から調べ、子どもの将来を思い描き、社会にとってよき存在である人間として育ってほしいと強く願いながら、苗字とのバランスから字画の運勢のよし悪しまで考えに考えぬく。

名前は、その子どもの全人格を代表していく。

つまり、事業や商品におけるコンセプトを表すのだ。その熱量には、すぐれた企業の商品開発担当者だってなかなかかなわない。

裏を返せば、ヒットするネーミングには、まるで自分の子どもを手に抱いた親のような心と思いがこもっているといえる。

ある日、ひらがなの効用に気づいた

私の場合、ネーミングには「ひらがな」を用いることが多い。印象がやわらかく、親しみやすい。何より大人から子どもまで、多くのひとが声に出して読める。

1989年に走り出した当社のD&S（デザイン&ストーリー）列車のさきがけ的存在である「ゆふいんの森」。

ひらがなの効用を生かした「ゆふいんの森」

この特急列車のネーミングを考えるプロセスでは、由布院温泉と湯平《ゆのひら》温泉のエリアが市町村合併を経て、湯布院町というひとつのまちになったという歴史を避けては通れなかった。

考えた末、列車名に「ゆふいん」とひらがなを使うことで、両温泉の歴史をともに尊び、世界に通じる高原リゾートを目指すまちの意志を「森」にこめて加えた。

名前が長すぎるという批判もあった。

しかし私には、人気の出るものは必ずお客さまが略した名前で呼ぶようになるというある確信があった。

事実、「ゆふいんの森」は、運行開始からまもなく、**「ゆふもり」**と呼ばれるようになった。

ななつ星はウンウン悩んで、デザインを担当した水戸岡鋭治さんに幾パターンも却下されながらたどり着いたネーミングだった。

たどり着いたあとにも、「七つ星」と「ななつ星」でしばらく拮抗した。

でも結局、ひらがな案を押し通した。

沿線の子どもたちがいま、「ななつぼしだー!」と嬉しそうに叫ぶ様を見ながら、やはりひらがなでよかったと思っている。

ネーミングを考えるプロセスに乗ることが大事

ネーミングのひらめきのコツは、ずっと考え続けること、これに尽きる。

日本弁護士連合会の会長を務め、整理回収機構で〝平成の鬼平〟として辣腕《らつわん》を振るった中《なか》坊公平《ぼうこうへい》氏も生前おっしゃっていたように、ひらめきは何もしていないときに降って湧くものではなく、**つねに考え、悩み、勉強し続けているうちに、あるときマグマのように噴き出す**ものである。

この場合、マグマ溜まりに喩えられるものは、ずっと考え続ける行いそのものである。

水戸岡鋭治さんはいつも、車両や事業のネーミングが決定されると、止めていた手を突然動かし、具体的なデザイン案へぐっと入りこんでいく。

水戸岡さんはあちこちで、**「デザインは言葉でしかできない」**と話しているそうだ。翻っていうならば、よいネーミングなくして、よい事業や商品は生まれ得ないということではないか。

ひとつの事業が姿かたちよく、多くのひとびとに愛されるものとして育っていくことを目指す。まるで、親が子の未来に幸多かれと願うように。

ひととしてごく当たり前のことを願い、長い思考と議論のはてに納得のいくものを目指す。そんなネーミングにたどり着こうとするプロセスは、何度経験してもいいものである。

34

すぐに会いにいけば、トラブルも楽しくなる

怒っている相手にはまず近づく

トラブルが発生。そのとき何をすべきか。

すぐに会いにいって、うまくいかなかったことはない。

外食事業で部長を務めていたある日、博多駅で営んでいた牛丼店について一本の苦情の電話が入った。

「あの店の教育はどうなっとーと？　どんぶりにゴミは入っとる。謝り方もなっとらん。ついでにいうと、釣り銭の渡し方も悪い！」

まわりに聞いてみると、電話をかけてこられたのは、社員たちからはわりと知られていた、ちょっと強面《こわもて》のお方。博多駅近くのビルに、いわゆる事務所を構えていらっしゃる。

電話の感じでは、かなりご立腹の様子。

これはもうやむをえない。でもひとりでは怖いので、たまたまそこにいた課長を連れて、その方のもとへ向かった。

留守を任せる社員には、「1時間経っても戻ってこなかったら、警察に連絡するように」と伝えた。

それくらい怖かったのである。

事務所に到着して、「JR九州でーす」とノックすると、相手はびっくりしている。

びっくりついでにまずは、「なんだバカヤロー」と怒った。

怒ったけれどすぐに「まぁ事務所に入れ」ときた。

そこから何の話をしたのかはよく覚えていない。

膝詰めで話しながら、ひたすら謝ったことはよく覚えている。

そうしているうちに、怒りのトーンがいきなり下がってきた。

(よかった！　思ったとおりだ)

だんだん和《なご》やかになってきて、「おまえらもたいへんだな」といった、ようやく人間と人間の会話らしくなってきた。

私の場合は、なぜだかこういうとき、起こったトラブルを仲立ちに、互いの身の上話に花が咲くのである。

メールや電話だけの対処は逆効果

ふと本棚に、中村天風《なかむらてんぷう》氏の書籍を見つけた。

「氣」の哲学で知られる思想家・中村先生。もちろん、私も好んでその著書に何冊か当たっていた。その話題をもち出すと、

「なんだおまえも好きなのか！　じゃああの本をやる。もっていけ！」ときた。

謝罪で訪れたはずなのに、ものまでもらいそうになってしまう……。

じつは、これもよくあることだ。

怒りを鎮めてもらうために、相手の目の前まで足を運んだ結果、望外に感謝の念まで抱かれる。

トラブルが起こったとき、すぐにやるべきことは、現場に、あるいは相手がいればその相手のもとにすぐさま近寄っていくこと。

それは、相手を思いやる気持ちをそのまま表す行動である。

電話やメールで対処しようというのが、いちばんよくない。

直接訪れることなく、トラブルを収束させようという態度は、むしろ逆効果だと断言しよう。

相手に怒りの種がある限り、こちらの顔が見えないと、相手はいくらでも怒ることができる。**顔も見せずに、コミュニケーションをとることは、相手に怒るネタを延々と送りつけるようなものである。**

2メートル以内だと、怒り続けるほうが難しい

それが、実際に2メートル以内で顔を合わせてみると、違う動物ならともかく、同じ人間同士、さらにいうならば同じ日本人同士でいつまでも怒りを持続させることはなかなか難しい。

鉄道会社で、しかもこんなに多角的な経営をしている会社だと、駅で、レストランで、船のチケット売場で、工事現場で、とにかく怒っているひとが出現する現場がそこかしこにあった。

いろんな業種のひとからすると、鉄道以外の新規事業開拓がミッションで、いちいち新参者だった当社の社員には怒る種がいくらでもあったのである。

私はそれらのひとの怒りに対処するべく、手ぶらでもなんでも、すぐに会いにいくということを愚直に励行しているうちに、怒っていたひとと仲よくなって帰ってくるという芸当をいつしか身につけていた。

ちなみに、博多駅前の強面のお方とは、天風先生の本をあげる、いやくれるならお代は払う、いやお代などいらない、とまたすったもんだの押し問答になったのだが、このときにはもう笑いが混じっていたのだった。

もう一度いおう。

すぐに会いにいって、うまくいかなかったことはない。

35

任せたら、任せきる

エースを「本物のエース」にするために

優秀な人材は、すぐに社長にする。

経営者としての私の基本姿勢であり、理想である。

社長とまではいわずとも、なんらかのプロジェクトや組織のリーダーにする。

そうすることで、優秀なだけでなく、責任感が芽生えてくる。

ほどなく「氣」がみなぎってくる。

ミッションを理解し、やがてその集団の夢をみずから描くようになる。

新規事業にエースを投入すべきだといろんなところで話してきたが、もっというとそれは、エースを「ガラスのエース」ではなく、**本物のリーダー**にする方策でもある。

まったく未知の事業で前例がないものこそ鍛えられる。

何より私自身が、何度となくそういう目に遭ってきた。

入社2年めにして、労使交渉の場で、対組合の談合要員を命じられた。入社2年めでそんな者に何を任されるかというと、ただの**吊るし上げられ役**である。

当時は、これほどたいへんなことはないと思っていたが、なんのことはない。

誰も経験したことのない新規事業の責任者のプレッシャーは、ベテラン組合員の皆さんの叱責に勝るとも劣らぬものだった。

入社して10年もすぎると、職位が次長や課長であったとしても、実質的にはプロジェクトのリーダーで、重要かつ多くのものを任される機会が次々と訪れた。

実質的なリーダーとして味わった苦労や不安、そしてそのはての喜びや達成感は、私の大きな財産となっている。

そんな私だから、新規事業にどんどん、これはという社員を投入するし、大いに任せる。

社内だけでなく、社外のひとにも任せる

経営者の価値を指し示す言葉の最たるものは、「やってみなはれ」だろう。

ちなみに、サントリーの創業者・鳥井信治郎の有名なこの言葉は、「やらなわからしまへんで」と続く。

私もやった。やったからわかったことが多かった。

だから、任せる。投入する。

当該の社員たちからは、「ありがたい」とよくいわれた。

「ありがたい」といいながら、たいへんな思いをしているだろうし、さまざまな苦労を腹に抱えているのだろうが、社外の方々に「サラリーマンとしてこのうえない幸せだ」と表明している社員もいるという。

ひとたび任せるといったなら、私はほとんどすべて、その運命そのものといって大げさでないほどのことを任せる。

そして社内のみならず、社外のひとにも私はかなりの部分を任せる。

ななつ星も、ギリギリまで任せきった

ななつ星の完成披露を控えた1週間前。

私は全貌をまったく見ることなく、その日を迎えていた。

工事のスケジュールがギリギリで、また職人さんがそれぞれのパーツに対して専属的に担当するというやり方で進められていたので、デザインと設計を担当した水戸岡鋭治さんですら、すべては把握できていないという状況だった。

職人さんは、その日の仕事が終わるたび、やりかけのパーツに養生（防護カバー）をかけて帰る。だから、それぞれの部分を担当する職人さんと関係会社のみぞ知るというパーツも多くの箇所にわたり、監督役の水戸岡さんですらギリギリまで確認できないことが多かった。

しかし、水戸岡さんも私も慌てることはなかった。

私は水戸岡さんに、水戸岡さんは職人さんたちに、任せたのである。

ななつ星は、なかなか出来上がらなかったが、信頼関係は（多少強引でも）ちゃんと出来上がっていたのである。

任せたら、任せきるのだ。

ご存知のとおり、ななつ星もちゃんと出来上がった。

その出来栄えはといえば、私たちの予想を裏切ることは一切なく、むしろ「おぉ！　これほど」といった嬉しい驚きのほうがむしろ多かった。

水戸岡さんからは、「最後の最後まで任せていただいて、ほんとうにありがたかった」という言葉をいただいた。

ななつ星は、私の仕事の集大成といってよいものだが、大事なことを優秀な人材に**任せきるスタイルの集大成**といってもよい仕事となった。

第5章

仕事とは気づくこと

36

ビッグデータより「自分マーケティング」

カメラ目線のエネルギー

まちを歩いていると、看板やポスターから勢いよく目に飛びこんでくるエネルギーをしばしば感じる。

視線の先には、印刷された人気女優の笑顔、あるいは犬や猫の顔がある。

ここで、「あぁそうなんだ!」と気づく。

ひとや動物がこちらを見ているのを感じると、ついつい見てしまうのだ。

いつか当社のポスターや看板をつくるときに、カメラ目線のタレントや動物の顔を入れよう。そうすれば、目線を感じて、ポスターや看板に興味をもってくれるはずだ。

事実、実店舗でもインターネットでも、あらゆる女性誌の表紙を眺めてみるといい。多くが売れっ子の芸能人やモデルを起用していて、そのほとんどがカメラ目線のはずだ。

書店にいるときは、つねに売れっ子たちの視線を感じながら、買い物をしていることになる。

「自分マーケティング」とは

何かのプロジェクトを進めるとき、私は自分の好むもの、思い描く理想をかたちにしてきた。

ビッグデータには頼らない。

自分と、自分にごく近いまわりの人間を頼りにしながら、大規模なプロジェクトに挑む。

私は、これを**「自分マーケティング」**と呼んでいる。

外食事業時代につくったお店のメニューは、すべて私が食べたくなる品々をつくった。

鉄道事業では、数々のD&S（デザイン&ストーリー）列車を世に出してきたが、じつは私はもともと鉄道ファンではなく、どちらかというと、あまり鉄道が好きではない。

そんな私が列車をつくり出すのだから、鉄道ファンのお客さまは怒っていたかもしれない。私がどういう視点で新しい列車をつくっていたかというと、それは自分が乗りたくなる列車、乗って楽しいだろうと思われる列車だった。

ななつ星をつくるプロセスは、まさに「自分マーケティング」の集大成ともいうべきものだった。


視察でシンガポール〜バンコク間を走る世界屈指の豪華列車「イースタン&オリエンタル・エクスプレス」に乗ったときのこと。

列車の中で何も考えず、ぼんやりとインドシナの雄大な風景の移り変わりを車窓を通し眺めている、このひとときこそなんともいえない豊かな時間なのだと感じた。

またそんななか、頻繁に私の部屋をノックしてきた客室乗務員たちにも思うところがあった。

「空調はよろしいですか」

「コーヒーはいかがですか」

「デザートはいかがですか」

世界の豪華列車では、乗務員たちが頻繁にコミュニケーションをとろうとやってくる。いつもの私なら、プライベートな時間は放っておいてほしいと思うものだが、このときはなんだか嬉しい、そんな自分に気がついた。

こうした感動や感心といった自分の心の動きを経て、一定の考えにいたると、私は身近な3、4人の友人たちや社員の意見を聞いて、思考の整理を行う。

ビッグデータよりも自分の経験から導かれた考えと、すぐ近くの信頼できる少数の意見を大切にするというスタンスだ。

感動する心、気づく心の品質保持を

デザイナーの水戸岡鋭治さんも、同様の「自分マーケティング」を行うひとである。

水戸岡さんの場合は、美しい色を世界中から採集して、よりよいデザインを生み出そうとしてきたひとだから、そういう目でまちや商品を見る。

(多くの場合、心のなかでレッドカードを出すという)

私とは少々異なるタイプのシビアな「自分マーケティング」だが、2000の色を見分けられるという己《おのれ》の目と感性で、数々の列車や施設を私たちとともにつくり出してくれた。

ひとびとを笑顔にするマーケティングを目指すという意味では、私とやはり同じ立場にあるひとである。

戦後間もない1950年代前半、日本の小売業経営者たちが集まって、アメリカに渡り、流通事情の視察を行った。おもにアメリカのスーパーマーケットの現状を学ぶことが目的だった。

20人ほどがこのアメリカ行きに参加し、あちこちのスーパーマーケットを視察し、何人かの経営者がそれを素晴らしいと感じ、日本の市場でも自分の仕事でも生かしたいと強く感じた。

この何人かを除くそれ以外の経営者たちは何も感動せず、「これは日本では通用しない」と切り捨てた。日本の商売は対面商売であって、お客さまときちんとコミュニケーションをとりながら商売するから、大きな店舗にたくさんの商品を並べてセルフサービスで商品を手にとらせ、レジでまとめて精算なんて受け入れられるはずがない。当時の小売業の多数派はそう考えたのだ。

結局、アメリカ式が日本人に受け入れられたのは、皆さんご存知のとおりである。

アメリカ式に感動した人物のなかには、その後誰もが知るところとなる日本を代表するスーパーマーケットを成功させた経営者もいる。

「自分マーケティング」にとっていちばん大事なこと、それは**普通のひとの目線で感動する心、気づく心**の品質を維持することである。


優秀な経営者の共通点は、気づきと感動を得て、本質を見ぬくところにある。


それは、ひとりの人間としての気づきと感動がもたらすものであって、大所高所から得られるものではない。

もちろん、ビッグデータを活用したマーケティングを否定するものではない。その素晴らしい効用については、アリババグループとの取り組みについて触れた部分(↓317ページ以降)をお読みいただきたい。

己をたのんで、好きなこと楽しいこと、いいと思ったことをビジネスに取り入れる。そんなマーケティングもありますよ。このエピソードは、そんな話である。

37

気づきは3段階のマーケティング

気づきのレベルを上げよう

ひとは、どういうときに、いちばん怒るか。

無視された、軽視されたと感じたときである。

では、ひとをいちばん喜ばせることは何か。

とことんまで、そのひとの存在に気づいてあげることである。

私たちの業界では、お客さまへの気づきを高度なレベルのものにしていくことが、成功へのカギとなる。

気づきには3つの段階がある。

1　お客さまの「存在」に気づくこと。

外食産業であれば、店の入口付近で入店を検討しているお客さまに気づき、大きな声と簡潔かつ便利な日本語で、「いらっしゃいませ！」と存在に気づいたことを知らせる。

このときの「いらっしゃいませ！」という挨拶は、お客さまの**存在**に気づき、その来訪を心から歓迎していることを伝える重要な手段である。よいレストランであれば、支配人がこの気づきの最前線、つまり店の入口付近にいる。

外食産業の支配人の仕事は、スタッフと同じ作業をこなすことではない。店の入口付近にいて、お客さまの存在に気づき、心からの挨拶と笑顔で招き入れることがいちばんの仕事である。

2　お客さまの「行動」に気づくこと。

店長が入口付近にいたお客さまの存在にいち早く気づき、最高の挨拶と笑顔で招き入れることに成功したら、次はホールのスタッフがお客さまの**「行動」**に可能な限り注意を向ける。

夏の暑い日、席に座るやいなや、コップの水を一気に飲み干すお客さま。このお客さまはのどが渇いていらっしゃるんだ、ということに気づかなければいけない。お客さまから注文される前にお水のお代わりをもっていく。

ホテルならば、お客さまが大きな荷物を抱えてドアを通ると、それはホテルマンにとって宿泊のお客さまだというシグナルになる。ホテルマンは、すぐに近づいてチェックインカウンターに案内する。

駅のきっぷの券売機の前で立ち止まってキョロキョロされるお年寄り。きっぷの買い方がわからないから困っていることに気づかなければいけない。

きちんと訓練されている駅員は、お客さまのもとにさっと飛んで走っていくだろう。どこへ行きたいのかを尋ねながらきっぷの買い方を伝え、場合によっては代わりに購入するかもしれない。当然だが、終始笑顔で、である。

お客さまの行動は、何かのシグナルだ。そのシグナルに気づいて、お客さまの望んでいらっしゃることを先取りし、**こちらからお客さまに近づく**ことが大事だ。

3　お客さまの「気持ち」に気づくこと。

これはもう高等テクニックである。

お客さまがいま何をされたいのか、どうすればお客さまにより満足していただけるのか、ということに想像力を働かせる。

容易なことではない。

しかし、心のもち方で答えが見つかることが多い。

お客さまの身になって考えると、なすべきことが見えてくる。

自分がいま、お客さまの立場に立ち、お客さまと同じ状況に置かれたことを想像し、何をされると喜ぶかを考えてみるのだ。

お客さまの気持ちに気づく5ツ星クラスのひと手間

海外の5ツ星クラスのホテルや豪華列車であれば、お客さまの気持ちに気づく工夫がきちんとなされている。

チェックインしてすぐの時間帯から頻繁に客室係がやってくる。

「お客さま、お茶をどうぞ」

「お客さま、空調の温度はいかがですか?」

「お客さま、何かご不便は？」

これらはすべて、お客さまの気持ちに気づくためのアプローチである。

お客さまの気持ちに気づく。

このことをもっと大きくさらに体系的にとらえていくと、マーケティングになる。

究極の気づきは、すぐれたマーケティングそのものとなる。

この気づきのレベルに達しようと、みんなが目指している企業はきっと強い。

38

顧客づくりのヒントは、子どもたちにあり

鉄道ファンでなく、子どもたちのほうを向いた

私はおそらく、鉄道ファンと呼ばれるひとたちにとても嫌われている。

理由は単純。彼らの意向をまったく汲まない列車づくりを進めてきたからである。

ほんとうにつかむべき顧客とは、どういうひとたちだろう。

私どもの会社では、多くの場合、**ターゲットは子どもたち**と設定している。

1988年、現在の「あそぼーい！」の前身である「あそBOY」は阿蘇地方の風景を西部劇のシーンととらえ、SL機関車をそのモチーフとして採用したものだった。

こんなとき、鉄道ファンの皆さんは、国鉄時代のＳＬを忠実に再現してほしいと考える。

ところが私はまったく違う。

ＳＬはあくまで西部劇のイメージのためなのであって、あの劣悪なサービスの国鉄時代の象徴をもう一度、などという気持ちは毛頭ない。

「あそＢＯＹ」で設定した顧客は子どもたちであり、子どもを中心としたファミリーである。

ＪＲ九州のＤ＆Ｓ（デザイン＆ストーリー）列車は、いずれも子どもや女性のお客さまを顧客層としてとらえたものばかりだ。

かつては私も、各種記念きっぷなどの企画を鉄道ファンのためにつくったこともあった。時には有田焼の名工にお願いして、非常に高価な特別きっぷをつくり、これは絶対にヒットするはずと思いながら、大きく失敗したりしたものだ。

数々の失敗の経験から、ひとつはっきりしたことがあった。

九州管内のコアな鉄道ファンは、１０００人程度しかいなかったのだ。

何をやっても、その程度の売上しかない。ほとんどの企画の収支は赤字である。

ここで私は改めて決断した。

設定すべき顧客は鉄道ファンの皆さんではない。
九州各地のまちにくらすファミリーそのものだと。

そして、未来を向くならば、将来の主要なお客さまとなる子どもたちに喜ばれるものをつくるべきだと。

世代は次々と移りゆくが、いつの時代も子どもはいて、その子どもを中心としたファミリーがある。
一方、旧国鉄をしのぶ鉄道ファンの皆さんは減ってゆく一方であろう。（失礼）
発足当時のＪＲ九州も私も、こんな当たり前のことに気づいていなかったのだ。

ななつ星を13歳未満お断りとした理由

ななつ星に元気よく手を振ってくれる子どもたちを見ながら、いつも思う。
あの「あそＢＯＹ」のときに決断してよかったと。

ちなみに、ななつ星ばかりは、13歳未満のお子さんはお断りしている。子どもたちが元気にかけ回る車内では、ななつ星ならではのサービスをお客さまに行き届かせることができない。設定したブランド性を維持することができないからだ。

一方、これから13歳以上になる子どもたちに対しては、やがてゲストとしてきてほしいとの期待値をブランドとして設定しているのである。

あの豪華列車ばかりは、子どもたちが育ち、働き、自分の手であらゆるものを獲得したあとの目標としてもらいたいと設定しているのである。

いずれにしても、顧客づくりのヒントは子どもたちにある。

彼らが満足するサービスは、ファミリーにも愛され、そしてきっと年配のお客さま、お年寄りの皆さまにとっても快いサービスとなるからだ。

第6章

仕事とはつくること

39

「つくる」ことに立ち返れ

「自分でやったら？」に応え続けた結果

私は、「つくる」という言葉が好きだ。

この言葉を口にしただけで闘志が奮い立ってくる。

頼まれもしないのにアイデアが湧いてくる。

ＪＲ九州という会社は、誰かよそのところをアテにしたり、任せきりにできない運命にあった。

国鉄分割民営化のときに、新幹線や山手線といったドル箱路線を得たＪＲ東日本、ＪＲ東海、ＪＲ西日本の本州ＪＲ３社とは置かれた状況がまったく違った。

自分たちで、お客さまと地域と自分たちにとって最善の道を見つけ、行動して事業に取り組むことなくしては、国鉄分割民営化で与えられた赤字路線とともに必ず倒れてしまう運命にあったからである。

だから、まったく新しく取り組む事業であっても、他人任せにはせず、自分たちの手で取り組むことを旨《むね》とした。

不動産販売も、ずぶの素人に近い鉄道マンたちが、ゼロからはじめた。

船舶事業では、10年も時間を要する船員資格取得にゼロから鉄道マンたちが挑み、そして勝ち取った。

外食事業では、鉄道マンたちが外食店の店長として奮闘し、私も本社から出張していって、一事業部をグループ会社として企業化。社長として赤字から黒字に2度転換させた。

未知の事業で懸命に働くなかで、自分なりにみずからの手で「つくる」ことに取り組み、その意義の大きさに私たちは気づかされたのだ。

当時の上司や社長にはしばしば、「カラちゃん、自分でやったら?」と声をかけられた。

(よくも気楽そうにいってくれるわい!)

そんなことも思ったが、その提案にまんまと乗って、現在にいたるまで、じつにいろんなことを成果として手にすることができた。

ほんとうに、よくぞ鍛えてくださったものと思う。

（いまだからいえる！）

「自前でつくる」精神を損なわない そのような次第で、当社には外部発注＝アウトソーシングは簡単にはしないという気風がある。

自分たちでできることは、なるべく自分たちの手で。

これは、私が経営陣に入る以前から表明しているモットーであり、現在はみんなで共有している社是である。

２０１２年に打ち出した中期経営計画のタイトルは、**「つくる２０１６」**という。

株式上場までの道筋づくりとして、「つくることの空洞化」を防ごうという意志を示したものだ。

国鉄という組織にもよいところはあって、かつては「国鉄の工場でつくれないものはない」などといわれたが、ＪＲとなって以来、効率化や合理化の名目のもとに相当なアウトソーシング化が進み、気がつくと、「つくる」精神が損なわれているように見受けられた。

「つくる2016」は、その状況に歯止めをかけたいという思いをこめた中期経営計画だった。

船も焼き鳥も自分たちでつくる

「つくる」はかたちあるもの、製品を製造することばかりを指すのではない。かたちのない企画やソフトをつくることにも当てはまる。

私が携わった仕事でいえば、次のようなものをつくった。

博多と大分を結ぶ特急列車の事業では、車両イメージを由布院の識者の方々と膝を交え、考え、つくった。そして「ゆふいんの森」という列車をつくった。

船舶事業では、九州と韓国を結ぶ航路を韓国鉄道庁とともにつくった。そして高速船のイメージを水戸岡さんとともにつくり、「ビートル（BEETLE）」という船をつくった。

外食事業では、カレーや焼き鳥を「手づくり」することをすすめたし、その志そのものをつくったと思っている。

営業部長時代には、大手広告代理店がもちこんでくる広告やテレビCMのアイデアがどうにもつまらないから、「キミたち、自分で考えなさい」と社員に発破をかけた。思い起こせば私だって、大手広告代理店のプランではどうもピンとこないという理由で、「キミがやりなよ」と、当時の社長や上司からしばしばいわれたものだ。

自分たちが働く会社にかかわるものを、自分たちの手でつくる。

そうすることは、自分たちの仕事を客観的に見つめ、分析の機会を得て、そしてより自社商品への愛着を深めることにつながるのだ。

なんでも自前でつくることを前提にしておくと、またそのような思考を習慣化しておくと、社員は皆いかなる場面でも、自分たちの手でつくり出そうと考えるようになる。

ちなみに、**「つくる２０１６」の〝２０１６〟は、東証一部上場の期限を決めたものだった。**

いつまでも「いつかは上場するぞー」ではダメ。

期限を決めて「きっちり上場するのだ！」という気運をまずつくったのだ。

自前で取り組むと、成果と喜びも大きい

もちろん、はじめて着手するものについては、外部から専門家を監修者やスタートアップ時の先生や教官として招聘《しょうへい》することは必要だ。

ただそのときに、ずっと外部に任せきりにするのだろうと思っているのと、すぐにでも自分たちの手でやらなくてはいけないと考えているのとでは、未来の成果に大きな違いが生まれる。

当社でいえば、究極は「安全創造運動」だっただろう。

これは、私の前任のＪＲ九州第３代社長・石原進さんの時代に、全社員で共有された言葉だ。

安全を守るのではなく、社員ひとりひとりがみずからの手で安全をつくるのだとする強い心。

この積極的な安全への心がけは、鉄道のみならず、すべての業務や事業への積極的な取り組みにもつながったはずだ。

楽をしない。手間をかける。

そういう前提のもとに自前でなんでも取り組んでみると、楽しい仕事と成果につながるし、適切な利潤をみずからにもたらす。未来の社員たちに思いをつなぎ、未来のお客さまに新たな感動と元気を届けられる。

それが私たちの生きる道である。

40

まちづくり10の極意

すべての仕事は、まちづくりに通ず

すべてのよい仕事は、よいまちづくりに通ずる。

いつからか、私はそう思うようになった。

たとえば、ななつ星。

豪華寝台列車、豪華クルーズトレインと称されるが、ななつ星の旅は理想的なまちのくらしであり、いわば**「走るまち」**である。

いうまでもなく、鉄道事業も、船の仕事も、外食事業も、農業も、すべてはよいまちづくりへと通じていくのだ。

夢のないまちづくりは、つまらない

まちづくりを成功させる10の極意についてまとめてみた。

その1　安全・安心であること
その2　歩く楽しさがあること
その3　食と買い物が楽しめること
その4　夢を描くこと
その5　地域共同体の意識をもつこと
その6　伝える力があること
その7　物語
その8　デザイン（整理・整頓・清掃を含めて）
その9　継続と進化
その10　自分たちが楽しむこと

その1の**「安全・安心」**については、真っ先に考えなくてはいけない。

まちづくりで基本となることは、その地域が安全・安心であることだ。

「安全・安心」が保証されない地域は、住むにも訪れるにも大きな困難が生じる。もっとも、災害や疫病の発生などは、人間の力ではどうすることもできない。

大事なことは、**災害や疫病に対して予防体制が整っているか**ということと、**災害や疫病が発生したあとの有効な対策が迅速になされるか**どうかということだ。

その2の**「歩く楽しさ」**もまちづくりに欠かせない。

その地域が歩いて楽しいところなら、住人にとっても、来訪者にとっても心地よいものだ。逆に、歩いても楽しくない地域は、住人にとっては魅力に乏しく、来訪者にとって記憶に残らない。

その3の**「食と買い物」**は、いうまでもないことだろう。

その4の**「夢を描く」**は、まちづくりを推進するひとたちにとって最も大事なことだ。夢のないまちづくりは、多くのひとの共感を呼ばない。取り組んでいるひとたちも楽しくない。

まちづくりの夢というのは、その地域が目指すものを明確にする。すなわち、活動の方向性が定まる。

その5の**「地域共同体」**の意識づけは、つまり、その4が前提となる。

活動の方向性、つまり夢が決まると、そのために何をすべきかが見えてくる。

まちづくりにも「物語」が欠かせない

その6の**「伝える力」**は、いうほど簡単ではない。

まちづくりにかかわっているひとが、よく愚痴をこぼす。

「うちのまちは、情報発信が少ないから認知度が低い」

「来訪者が少ないのは、PR不足だからだ」

これらはたいていの場合、間違っている。

PRをほとんどしていないのに、高千穂の民宿にはアジアのひとたちが押しかける。販促活動なしでも、西麻布の住宅街にある居酒屋には、遠くから多くのひとがやってくる。

要は、中身次第なのだ。

その地域に魅力がないと、いくら広告を出しても、ひとはこない。

逆に、それほど宣伝に力を入れなくても、その地域のイベントが面白ければ、ひとは集まる。

伝える力というのは、宣伝の量ではない。その地域の魅力そのものがPRとなるのだ。その地域の存在自体がメディアになるのだ。

その7の**「物語」**は、一般の商品をつくるためにも必要なもので、まちづくりにも欠かせない。

また、ロングセラーとなる商品には、製作秘話にはじまり、消費者、ユーザーのもとに届いたあとにも、また新たな物語が次々と育まれる。

その商品がどうして生まれたのか。どうして消費者の間に広まったのか。どのように愛用され続けているのか。そうした数々の物語がロングセラー商品をさらに魅力的な存在へと導いていく。

そうした物語性を感じる商品には、深みや奥行きが出てくる。消費者は、その商品に備わっている物語を楽しむようになる。

まちづくりにとっても、物語は欠かせない、重要な要素だ。

その地域が多くのひとから長く愛されるためには、数々の物語が自然と生み出され、地域の歩みに寄り添うことが大切だ。

その8の**「デザイン」**とは、ある目的をもって「機能」と「見た目の美しさ」を総合的に造形計画することである。

まちづくりにおいては、その地域に住むひとと訪れるひとの両方にとって、機能的でなければいけないし、美しくなければいけない。

そうでなければ、まちづくりをデザインしたとはいえない。

「整理・整頓・清掃」で、まちづくりが活性化

デザインの前にすることがある。

それは、「整理・整頓・清掃」だ。

絶えずこの「3S」に取り組むことが、まちづくりのデザインの前提となる。

あなたが自分の家に大事な友人を迎えようとするときだって、じつはそのおもてなしをデザインしているのだ。

案内状はどうしよう。家までの地図はいらないか。料理は何にしたらいいか。自分はどんな服を着ようか。最初の挨拶はどういおう。

そうしたおもてなしのデザインをする前に実行しなければいけないのは、整理・整頓・清掃だ。

まず、玄関や部屋の整理・整頓を徹底する。そして、気持ちのいい状態まできれいに清掃をする。できれば、玄関前に打ち水をする。

まちづくりにおいても、まず地域のなかを整理・整頓・清掃することからはじめるといい。

そうすると、どのようにデザインするべきかが見えてくる。

ななつ星のデザイナー、水戸岡鋭治さんに駅のデザインを依頼すると、水戸岡さんは、**まず駅の掃除から**はじめる。水戸岡さんの言葉。

「デザインは、整理・整頓・清掃からはじまる」


その9の**「継続と進化」**は、イベントと食の項（↓275ページ以降）で述べるのでぜひ楽しみにしてほしい。

その10の**「自分たちが楽しむ」**は、じつは、まちづくりの取り組みにおいておろそかにしてはいけないことだ。

まちづくりは、気苦労の多い仕事だ。

肉体的にもかなりハードだが、心のほうもかなり酷使する。そうした困難を乗り越えてまちづくりを続けていくには、自分たちがまちづくりを楽しむということを心がけることが大事だ。

前章で述べた「自分マーケティング」はこういう面でも効用がある。

まちづくりの活動のなかに、自分たちが好きなこと、手に入れたいもの、いいと思うことを取り入れると、活動自体が楽しくなる。活動が楽しくなると、長続きする。活動が楽しくなると、活動に参加するひとが増える。

まちづくりはすべての仕事に通ずる。

決して楽しいことばかりではすまないが、自分たちが楽しめるものを見つけられると、自然と社会に歓迎されるものとなる。

41

落書きも立派なデザイン

大分駅の「南北問題」解決に乗り出す

手を動かすといいことがある。

とりたてて意識していないが、私はときどき、さっと図やスケッチめいたものを描く癖があるようだ。

メモをとるようにしているから、つねに手帳とペンはポケットに入っている。相手の話を聞いているときのメモもさることながら、こちらから話しかけていてどうも話が伝わっていないなと感じたら、図や文字を書いてみせたり渡したりするのだ。

2015年4月に新規開業した「JRおおいたシティ」を中心とする、大分駅周辺の再開発について協議を重ねていたころ、やはりスケッチを描いた（↓274ページ）。

複合ビルのデザインを依頼していた水戸岡鋭治さんにイメージを尋ねられ、さささっと描いたものだった。

大分は国鉄時代の勤務地で、人事課長も務めるなど、多くの学びと思い出のある場所だった。

そして、駅の北口と南口とでは様相が大きく違うことが非常に印象に残ってもいた。

現・大分駅の周辺は、かつてキリシタン大名の大友義鎮《よししげ》（宗麟《そうりん》、１５３０〜１５８７年）が治めた城下町。駅の北側は往時の城内に当たり、近現代にいたるまで、いわばまちの表の顔として位置づけられていた。

一方、駅の南側は往時の城外。私が赴任していた時代には、なんとも暗くさびしいイメージのエリアだった。

おまけに、駅の南側から北側の旧城内に行くには、駅から遠く離れた踏切まで迂回する必要があった。事実上、駅によって南北に分断された格好となっていた。

鉄道会社の人間にとっては、大分駅周辺の活性化のためには、高架化によって駅と線路を上にあげて、その下に道を通すのがいいことは一目瞭然だった。

それにより大分の「南北問題」は解決する。

ではどのようなイメージで、構想で、デザインで新しい施設はつくられるべきだろう。

水戸岡さんから問われて、私はとっさにパリの凱旋門……みたいな落書き、いやスケッチを描いた。

線路の往来を遮断しないように上を通らせ、その下の南北を道が真っすぐ貫く。そんな状況が実現する、ヨーロッパ風のデザインのカッコいい駅を求めたのだ。

描いてみたら、ザビエルの城そっくり

水戸岡さんの反応は予想を大きく超えるものだった。

「これはすごい！　これは最高！　これでもうできたも同然！」

このひとはお世辞とかおべんちゃらをいえる人柄ではない。

心の声がその表情に漏れ出てくるお方である。

(私は何度ムッとさせられてきたことか)

ともかく、水戸岡さんの喜びようは予定外に好みのおもちゃをもらった子どものようだった。

聞けば、**事業のモチベーションとなった課題を解決し、コンセプトとデザインが両立するアイデアがすぐに示されたことはない**という。

南北をつなぐ高架化。
まちを元気にする。
ヨーロッパの城門風。

私がなんの気なしに描いたものは、確かにすべてが揃ったスケッチだった。

つけ加えると、大友義鎮（宗麟）の城は、フランシスコ・ザビエルが日本に滞在した折の最後の居留地だった。

もっというと、スペインのザビエル生誕の地、ハビエル城が私のスケッチとそっくりだった。

描いてみたら、ザビエルの城だったのである。

手は動かしてみるものである。

大分駅は確かに私のスケッチとよく似たものが完成し、南北のまちはつながり、九州で博多に次いで2番めの規模の複合型駅施設としてにぎわいを見せている。

駅ビルの社長の部屋には、いまも私の落書き、いやスケッチが額装されて飾られている。

あれはもう、さすがに恥ずかしいからやめてもらおうと思っているが。

著者が実際に描いた、大分駅をイメージしたスケッチ

42

「イベントと食」がまちづくりを支える

まちの連帯感をつくるイベントと食

イベントと食は、地域を活性化する大きな力になる。

まちづくりにとって欠かせない、重要な要素だ。

人気イベントや名物料理を目当てにたくさんのひとが訪れ、地域ににぎわいを呼ぶ。

それだけではない。

イベントは、地域のひとたちの熱心な活動がないと成立しない。イベントを企画し、実際に準備を進めていくなかで、かかわっているひとたちの間に**強い連帯感**が生まれる。

この連帯感が、まちづくりにとって最も大切なものだ。

地域に名物料理が誕生すると、地域を挙げてその料理を盛り上げようとする。あちこちで開催されているB級ご当地グルメの祭典「B－1グランプリ」は、各地のまちおこし団体の共催となっている。

名物料理が、まちづくりの中心に位置づけられているのだ。

イベントも食も、ひとが集まるという以外に、まちづくりの核となる大切なものをもっている。

30年たらずで地域一になった「YOSAKOIソーラン祭り」

まちづくりに取り組みはじめたひとたちが、まず発想することは何か。

「毎年ひとが集まってくるようなイベントができないか」

「地域を代表する名物料理をつくりたい」

もし、彼らから相談されたら、私は必ずこう答える。

「人気イベントも、名物料理も、両方とも絶対につくれます」

昔からずっと続いている伝統行事のように見られているイベント。

その地域が発祥の地と思われている料理。

調べてみると、どちらもはじまってから、まだ20年とか30年しか経っていないことがわかる。

第2章で紹介した、JR九州櫻燕隊《おうえんたい》も出場した、札幌の「YOSAKOIソーラン祭り」は、誕生してまだ30年も経っていない。

北海道大学の学生が、高知県の「よさこい祭り」と北海道の「ソーラン節」を融合させたイベントを企画し、1992年6月に第1回「YOSAKOIソーラン祭り」を開催した。その年の参加は10チーム、参加者約1000人、観客動員数20万人。札幌を代表するイベントとして、毎年2月に行われる「さっぽろ雪まつり」がすでにあった。これは毎年200万人以上の観客を動員している巨大イベントだ。

第1回大会は、「さっぽろ雪まつり」と比べると、10分の1程度の観客動員。はなはだ小規模のイベントとしてスタートした。

しかし、毎年6月に開催を着実に継続していった結果、第5回大会（1996年）で早くも参加チーム数が108、参加者数が1万人、観客動員数も107万人を突破してしまった。

第10回大会（2001年）では、参加チーム数が408、参加者数が約4万1000人、観客動員数が201万人超。現在では、もう冬の「さっぽろ雪まつり」と並び称される、押しも押されもせぬ夏の大イベントとなった。

地域の行事から100万人イベントへ

毎年旧正月に行われる、「長崎ランタンフェスティバル」。

いまでは、当社のキャンペーンにも欠かせない大イベントだが、地域に根づき、今日のようにたいへんな活気に包まれるようになったのは、わずか二十数年前のことである。

もともとは長崎新地《しんち》中華街のひとたちが中国の旧正月（春節）を祝う行事だったものを、1994年からスタートした話し合いにより、規模を拡大して取り組まれることとなった。

現在、同フェスティバルでは、約2週間の期間中、まちじゅうに飾られる約1万5000個の極彩色のランタン（中国提灯）と、各会場の大小さまざまなオブジェにより長崎市のまち一帯が幻想的に彩られる。

いまや、長崎の冬の一大風物詩として全国にその名が知られるようになり、毎年100万を超えるひとたちが訪れるようになった。

「継続と進化」がおいしい結果をまちにもたらす

食もまた、まちや地域にイベントと同じような効用をもたらす。

仙台といえば牛たん。

戦後間もなく、仙台の焼き鳥店が、牛たん焼きのメニューを開発した。

これが「仙台といえば牛たん」のはじまりである。

その後、牛たんを扱う店舗はどんどん増え、1990年ごろになると、「仙台といえば牛たん」というイメージが全国的に定着するにいたった。

地域全体の情熱が、牛たんを一大名物にしたのだ。


宇都宮の餃子《ギョーザ》も、いまや全国区だ。

宇都宮に餃子店が開かれたのも、やはり戦後すぐのこと。その後ほどなく、市内各地で餃子店が軒を連ねるようになった。

「宇都宮餃子」として全国にその名が定着したのが、1993年の「宇都宮餃子会」の発足からとされる。

いまでは、年間約80万人が宇都宮に餃子を食べにくるという。

全国各地の自治体主催のイベントでは、もうずっと引っぱりだこの存在だ。

「宇都宮餃子」は、「食＝まちおこし」の模範的事例となっている。

札幌の「ＹＯＳＡＫＯＩソーラン祭り」。

長崎の「長崎ランタンフェスティバル」。

仙台の「牛たん」。

宇都宮の「餃子」。

札幌、長崎、仙台、宇都宮。

これらの都市は、イベント、あるいは食の取り組みをゼロベースからスタートさせ、まちを盛り上げようと夢を描き、全国のトップレベルにまで高めてきた勇者たちである。

これらに共通することが２つある。


ひとつは、継続すること。

継続は力なり。だが、継続することにも力がいる。

もうひとつは、絶えず進化すること。

ユネスコの無形文化遺産に「和食：日本人の伝統的な食文化」として登録された、いわゆる京料理の真髄は、伝統を守ることにはない。京都の料理人たちは口を揃えて、千年の間、絶えず進化を遂げてきたことにその価値があるとする。

継続と進化。

この2つが、まちや地域のイベントと食を根づかせ、やがて伝統ある文化にもつながる極意といえる。

第7章

仕事とは時代を読むこと

43

トップは決断しにくいときに決断する

テレビCMを自前でつくろうと呼びかけた

２０１１年3月12日。

九州新幹線鹿児島ルートは、いよいよ開業を迎えることとなった。

国鉄時代の１９７３年に整備新幹線として国の法律により計画決定されて以来、じつに38年の時を経て、満を持しての全線開業となった。

先立って２００４年に部分開業していた新八代《しんやつしろ》（熊本）〜鹿児島中央間へつながるかたちで、博多〜新八代間が開通。これにより、博多〜鹿児島中央間は、最速1時間19分で結ばれることになった。

沿線住民の皆さん、国鉄時代からこの事業にかかわってきた先輩社員、ＯＢ・ＯＧから大きな喜びの声が寄せられていた。

鉄道事業本部営業部長として部分開業にかかわり、全線開業の節目を社長として迎えた私としては、喜びの声に応えないわけにはいかない。

トップの仕事は機を見逃さず、決断することだ。

そこで、わが社らしい手づくり感とぬくもりにあふれたテレビＣＭを企画することにした。

涙がボロボロあふれて止まらない

開業までおよそ2か月というタイミングを迎え、実際のルートで試験運転がほぼ毎日、平均して2～3往復ほど行われていた。

（ＣＭ撮影は、ここしかない！）

開業のちょうど20日前に当たる2月20日、試験運転の一本を使って、ＣＭ撮影を行うことを決定し、博多駅～鹿児島中央駅間の沿線を中心に出演者の募集告知を打つことにした。

対象は、この全線開業をともに祝っていただける方々約1万人。内容は、2月20日に試験運転で走る新幹線に向かって思い思いの衣装、スタイル、横断幕その他諸々で、新幹線に手を振って声援を送ってください、というもの。イメージは、人気映画『スラムドッグ$ミリオネア』のラストシーンにあるようなインド映画風のダンス。

当日は、新幹線車内にスタンバイしたムービーカメラ5台、スチールカメラ4台を中心に、空からも地上からも合計約50台のカメラがその模様を撮影することになっていた。

Webで事前の参加登録を受け付けていたが、応募状況はまずまず。

あとは当日を待つばかりとなった。

2月20日当日、試験運転の新幹線が鹿児島中央駅を走り出すと、**そこから先はもうずっと信じられない光景**が続いていた。

沿線の道や広場、川原にグラウンド、学校の校舎やマンションなど、いたるところであふれんばかりのひとびとが、思い思いの格好と小道具で、**ちぎれんばかりに手を振ってくれている。**

先生たちと〝結託〟したのか、学生服や部活動のユニフォーム姿の学生たちも目立つ。チアリーダーチームもいれば、線路から見えるところでプロレスをしている人たち、新郎新婦の結婚衣装、プールに花や風船を浮かべてあったり、マンションに大きな垂れ幕なんて演出もあった。

面白おかしいものばっかりだったから、新幹線の中でみんなで笑い転げていたが、**なぜだかみんなが泣いていた。**

このCMのいいだしっぺだった私も、**涙がボロボロあふれて止まらない。**

カメラマンチームもレンズを見つめて、粛々と仕事をしながら、**全員ボロボロ泣いていた。**

次々と移りゆく景色のなかで、沿線のひとたちがいろんな姿で現れては通りすぎてゆく。

結局、私たちは完全に見誤っていた。

1万人も募集してみて、何千人くらいのひとたちがうまくカメラに収まってくれるだろうか、そんなことを思っていた。

ふたを開けてみれば、事前登録者数をはるかに上回る、募集した1万人の倍の**2万人**が集まっていたという。

新幹線の撮影があるからと、急遽《きゅうきょ》かけつけ、驚くようなコスプレや演出で「出演」をはたした猛者たちも大勢いたようだ。

飾りもなく、台本もないCM。それが功を奏した。

インド風ダンスが云々、といった事前のイメージのすべて上を行く、ものすごいCMができた。

現在でもネット上の動画サイトで、「祝！九州」などで検索すると出てくるので、まだ観ていない方はぜひご覧いただきたい。

大急ぎで編集、制作されたこのＣＭは、２０１１年3月9日にスタートし、そして11日の夕方まで放送された。

九州新幹線開業式典直前に国難発生

翌日に九州新幹線全線開業を控えた２０１１年3月11日の午後。

開業式典という大きな舞台を控え、当日の出発式スピーチもなんとか書き上げ、祝賀会の最終チェックの報告も受けた。

午前中に見た、航空自衛隊の「ブルーインパルス」の見事な予行演習を思い出しながら、社長室で椅子に座り、ようやく少しばかりくつろぎながら、夕方には理髪店にでも行こうかなどとぼんやり考えていた。

そこに運輸部の社員が飛びこんできた。

「東北でたいへんな地震が発生しています！」

14時46分の発生直後だった。すぐにテレビをつけた。

しかし、テレビ局にも、まだほとんど情報が届いていないようだった。

災害は大小にかかわらず、いつでもそうだ。

すぐに詳しいことはわからない。気を落ち着けて、そのまま仕事を続けた。

15時30分すぎだったか、たいへんな被害状況が画面を通して伝わってきた。

発生直後の予想をはるかに超える、信じられない光景が画面に広がっていた。

遠く離れた東北の地で、同胞たちが大きな困難に直面していた。

すべての式典、イベントを中止に

翌3月12日は、ずっと前から、お祝いの日、と決まっていた。

1973年から38年間、九州のみんなが待ちわびた新幹線の全線開業日だった。式典そのものも、3年以上前から膨大な時間とコスト、人手をかけて準備を進めていた。

しかし、これはやっちゃいかんぞと思った。

これは国難だ。

JR九州が笑顔でイベントなど開けるはずがない。

すぐに関係役員全員を呼び、翌日の開業式からすべてのイベントを中止するようにと伝えた。

役員のなかには、中止という方針に難色を示す向きもあった。九州も広い。この記念すべき日に全力投球してきた自治体からも、「その決定はいかがなものか」と連絡が入った。

しかし、頑としていい張った。

「これはやってはいけない!」

これをやったら、当社が、九州が、日本がダメになると思った。

決断する意味を深く悟った一日

3月11日の午前11時ごろに予行演習を行った「ブルーインパルス」は、九州新幹線開業を祝うために、はるばる宮城県にある航空自衛隊・松島基地から九州へ赴いてくれていた。松島基地自体も大きな被害を受けたので、遠い九州でさぞや大きな悲しみと心配にくれていただろうと思う。

しかし、航空自衛隊からは震災発生からほどなく、「呼んでいただいた」ことへの感謝の意が寄せられた。

言葉もなかった。

3日間だけテレビで放映されたCMにご協力とご出演をくださった皆さんからは、中止の決断を支持する声をたくさんいただいた。

そんな皆さんからいただいた恩にいくばくかでも報いることになったのが、同年の**「カンヌ国際広告祭」のアウトドア部門で同CMが金賞**を受賞したことだった。

私たちの多くが途方もない無力感に包まれた時間ではあったが、トップが決断する意味の重さを強く悟った機会ともなった。

44

リーダーは「生涯の先生」となれ

ひとがすぐに辞めないコツ

「アルバイトがすぐ辞めちゃうんですよ」

しばしば、外食産業の店長のぼやきを聞く。

近年の深刻な人手不足への対策に追われる飲食店の店長にすれば、苦労の末にようやく採用したアルバイトが1～2か月で辞めていくのはつらいことだろう。

しかし、多くの飲食店のアルバイトが短期間で辞めているのかというと、どうもそうではないようだ。

確かに、外食・小売業における採用難は、年々厳しさの度合を増している。一方で店舗によっては、アルバイトの定着が成功しているところも少なくない。

アルバイトが定着する店舗を調べてみると、共通の取り組みをしているのがわかる。

それは、**初期教育をかなり重視**しているということだ。

アルバイトと同様に、社員の教育も最初が肝心である。

入社してきてすぐ、最初の時期はとにかく厳しく教えることをすすめたい。

社員は皆、入社直後はやる気がみなぎっている。

自分で努力して、選んで入ってきた会社だから、ここで頑張ろう、認められようと燃えている。そういうときにこそ厳しく教えるのだ。

そうすることによって、簡単にくじけたりしない、すぐに辞めるのどうのといい出さない社員に育っていく。

反対に、何のスキルもない人間を最初にチヤホヤしてしまうことほど始末の悪いものはない。

しばらく何か月だか甘やかしてしまったあとに、うまく成長しないからと慌てて厳しくしてももう手遅れ。というより、むしろ逆効果で、最悪の場合そこで辞めてしまったりする。

私がかつて大いに力を借りた外食産業のプロの面々も、同様のことを指摘されていた。外食も、安全と接客が命だ。鉄道と似ている。

だから、**とりわけ最初に厳しく教える。**

トップみずから初期教育を

最初にきちんと厳しく、そして正確に業務について教えることができた先輩のことを、社員は「**生涯の先生**」として位置づける。

その社員の会社員人生の指針を定めるからだ。ひよこの刷りこみと同じで、いちばんはじめに習った先輩にいわれたことを、その社員はいつまでも覚えているものだ。

だからその初期教育は、すぐれた社員がすべきだ。


つまり、必ずリーダーが初期教育を行わなくてはならない。


現場の長、部門の長、組織のサイズによっては社長がすることだって必要だ。

リーダーがきちんと教育をし、指針を定めることができなければ、その組織は利益どころか商品のクオリティ、もっといえば安全すら担保できない。

すべては最初が肝心

私が入社した当時の国鉄は、現場に新人が配属されても、駅長は新入社員への初期教育をまったくしなかった。その下の助役任せにするか、どうかすると、労働組合の幹部がその初期教育にあたってしまう。

そうすると、労使関係がギクシャクしたままの環境で、新人社員の意識は会社でなく組合のほうへと向かってしまう。

結果として国鉄という組織の末期は、職場規律は整わず、人間関係はいびつで、サービスは劣悪、さらには事故も多いという惨憺《さんたん》たる状況に陥ってしまったのだ。私はこのことについてずっと忸怩《じくじ》たる思いでいた。

国鉄分割民営化がなされ、JR九州が発足して間もなく、私はさっそく駅長たちに「初期教育は買ってでもしろ!」といって回った。

鉄道以外の事業でも、組織の長や現場の長に向かって、対象が社員でもアルバイトでも、最初の教育は、みずからリーダーとして率先してやるようにと指示を出した。

重ねていう。

教育は、最初が肝心である。

その教育はリーダーがするべきである。

これが徹底された組織は規律よく、人間関係も良好で、安全ですぐれたサービスを提供する会社となる。

45

期待値をとことん上げれば、社員はどんどん伸びる

目標値を低くしてはいけない

リーダーは、部下や組織の能力に対して一定レベルのものを期待する。部下や組織は、リーダーが期待するレベルに到達するよう努力する。

期待するレベルがそれほど高くないものであれば、部下や組織はせいぜい「それほど高くない」レベルまでしかその能力を高めようとはしない。

期待するレベルが比較的高いものであれば、そのレベルに達するよう勉強と鍛錬に精を出す。

あまりにも高すぎるレベルを期待されたときは、よりいっそう歯を食いしばって頑張る。まれに、ふてくされて横を向くこともあるが、企業経営のなかでは往々にして歯を食いしばることになる。

能力だけでなく、仕事の成果においても同じことがいえる。仕事の成果は、あらかじめ定められた目標に導かれる。目標レベルの設定いかんで部下や組織の努力度は変わるものだ。

リーダーとして心がけなければいけないことは、期待するレベルや目標を低くしないことだ。

泥棒だってほんとうは期待されたかった

ある童話にあった泥棒男の話をよくする。

ずっと泥棒人生を送ってきた男が、とうとう捕まり刑務所に入った。看守が尋ねた。

「どうしておまえは盗みの世界に足を踏み入れたのか」

すると、老いた泥棒がしんみりとした口調で語った。

（社員に話すときの脚色そのままにご紹介する）

「小さいころ、そうねえ、まだ3つか4つのころかな。母親に連れられて市場に行ったのさ。果物屋を通りがかったとき、なんの気はなしにいつの間にか店の棚からリンゴを盗みポケットにねじこんでしまった。店のおやじには気づかれなかったが、母親は小さな息子の非行をしっかりと見ていた。俺は、てっきり母親からこっぴどく叱られるものと子ども心に覚悟したが、そうじゃなかった。母親は俺をしばらく見つめ、何ごともなかったように俺の手を引いて店を立ち去った。市場でも家に帰ったあとも、母親は俺を一切叱らなかった。そんな小さな事件から俺は悟った。盗んでも親は叱らない。親は黙認してくれた。盗みは悪いことではない。盗みぐらい大したことではない。それから俺の泥棒人生がはじまったのさ」

このときの母親には、リンゴ1個、盗んだ程度ならいい、これくらいのことは子どもだから大目に見よう、といった甘さがある。

この甘さは、子どもに対する期待のレベルの低さでもある。

子どもは、どの範囲までの不正行為が許されるのか、絶えず親の反応を測りながら行動している。

親が自分に対してどれくらいのレベルまで期待しているのか、見定めようとしている。

親の期待以上に子どもは育たない。

〝むちゃぶり〟を期待値として受け取った結果が「ななつ星」

実際のところ、上司と部下にも同じことがいえる。

部下は上司の期待以上には育たない。

逆にはっきりと、「これはダメだ」と下限を示せば、それ以下のレベルには下がらない。

間違っても、泥棒男のようにはならない。

そして高い目標を示されたなら、部下は食い下がってくるものだ。

JR九州が発足して以降、社長からダイレクトに新規事業のミッションが私に次々と下された。

新しい特急列車をつくれ。

国際航路を開拓しろ。

外食事業を独り立ちさせろ。

これらのなかには、まったくのゼロとかマイナスの地点からいきなり100にも等しいような成果を求められたこともあったが、私は楽天的な性格だし、なにしろ困難な状況を前にすると激しく燃えてしまう性分なので、それらの〝むちゃぶり〟を高い期待値として受け取った。

そうやって、逆境ばかりで実績のない部門に行かされることを「左遷だ」とする声も私のところまで聞こえてきたが、私は社長や直属の上司たちの期待値をはっきりと感じていた。だから、ことさら明るく振る舞った。

明るくしていると、また新たな期待をかけられ、ミッションは降ってきた。

そういう不可逆的なサイクルにあったころ、私はあるひとから「九州に豪華寝台列車を走らせると、絶対に成功しますよ」という提案を受けた。

彼は上司でもなかったし、ごく日常的な酒席での話だったのだが、不思議と頭から離れることはなかった。

きっと私は、頭のどこかで成し遂げるべき夢だと自分で思いこんだのだろう。

それから25年ほど経って、豪華寝台列車はほんとうに九州を走りはじめた。

ななつ星である。

いうまでもなく、その名は、自分の子どもを名づけるようにウンウン唸りながら、そして大きな期待をこめてつけさせていただいたものである。

46

外国人は何しに日本へ？

訪日観光客の微妙な変化

日本で外国人観光客を見ることが増えた。

時に、爆買いのピークはすぎつつあるという。

ひところまで訪日外国人という言葉が指し示すものは、日本の最新家電や美容製品などを大量に買い占める、大陸からの団体旅行のお客さまのイメージが強かった。

しかし、ここのところ、中国からの観光客も団体型から個人や小グループ型が主流となりつつある。

客単価も変わりつつあるようで、由布院の高級旅館に宿泊先を求め、帰国後にその体験談をシェア・拡散する傾向が多々見られるという。

人気のお土産は抹茶入りの菓子、日本製の包丁、そして日本国内一のシェアを誇るメーカーの美容製品。少なくとも家電ブームは落ち着いたようだ。

熱狂的な波が去り、日本の本質が伝わるプロセスに入ったということだろうか。

テクノロジーの変革と同様に、旅行業界の変遷は、日本の社会環境に多大な影響を及ぼす。それは、私たちのような交通業界だけでなく、全業種の企業にとっても無関係ではない。

日本が世界にアピールできる10の魅力

近年は、欧米からの観光客の割合が激増していると聞く。

つねづね感じることだが、欧米の国土環境やライフスタイルのなかには、旅行が文化として定着しているのだろう、彼らは成熟した旅人ぶりを随所で見せる。成熟した旅のスタイルにおいてニーズが高いものは、その土地の歴史、文化、そして物語である。日本においては次のようなものが、その「魅力」となるだろう。


神社仏閣。

城郭や武家屋敷に、古民家、日本らしい町並み。

陶磁器、漆器、和紙、刀剣、伝統家具、きものなどの工芸。

祭りをはじめとする土着的な祭事、催事。

富士山、阿蘇、桜島など火山が織り成す雄大な自然風景。

里山、棚田をはじめ日本の農業に根づいた田園風景。

日本に関するものを展示している博物館や美術館。

能、狂言、歌舞伎、神楽などの伝統芸能。

日本の匠の技、日本らしい感性と手間が光る製品。

日本の旅館や料亭に見られるおもてなし。

訪日観光客にこそリピーター増加を目指す

そしてやはり挙げるべきは、日本人ならではの**誠実さ、親切心、倫理観**か。

インバウンドをキーワードに議論がなされる場合、しばしばＷｉ-Ｆｉの普及促進をはじめとする滞在環境のテクニカルな整備に目がいきがちである。

しかし、それらとともに早急に進めるべきは、日本本来の魅力を各地でひとつひとつ洗い出すこと、もっというなら、**発掘**することだ。

つまり、単純な訪日観光客の増加ではなく、リピーターの増加を目指さなくてはならない。

現在、JR九州の立場として国には次のような提案を行っている。

1　日本の魅力を維持、発展させるための予算措置と仕組みづくり

2　日本の魅力を支えるための人材育成とそのための予算措置と仕組みづくり

3　まち全体のデザインづくりの支援

4　訪日外国人が不便と感じることについてのすみやかな改善措置

つい先日には、中国のアリババグループから九州で大キャンペーンを張りたいとの申出があった。詳細は317ページ以降に譲るが、旅をライフスタイルにとりこみはじめた中国の富裕層からの高いニーズを受けた観光地発掘の一環だという。

彼らは何しに日本へ、九州へ？

世界の動きは速い。

その速さと勢いがダイレクトにもたらすものが、外国からのお客さま、訪日観光客だと思えば、なんだかわくわくするではないか。

47

デンソーの驚くべきモノづくり、人づくり

巨人を育む「モノづくり」への気概

そこには、たくさんの驚きと感動があった。

デンソーの有馬浩二社長に招かれ、愛知県刈谷市の本社を訪れた。

デンソーは、1949（昭和24）年にトヨタの電装部門が独立して誕生した自動車部品メーカーだ。

会社発足時は、日本の自動車産業もまだよちよち歩きのころ。

デンソー自身もたいへん厳しい経営状況からスタートした。

それでも創業のころから、モノづくりを大切にし、モノづくりを究めようとする気概に満

ちていた。

その気概がデンソーの発展を牽引《けんいん》してきたのだ。

いまや、国内外の自動車メーカーに自動車用システム・製品を供給している世界のトップレベルの自動車部品メーカーとなった。

2017年度の連結売上が約5兆1000億円、営業利益が約4100億円。

そんなデンソーを訪れ、本社のギャラリーやデンソーが運営する企業内学園（デンソー工業学園）を見学し、有馬社長から多くの話を伺った。

働いている社員のひとたちの熱い思いも知ることができた。


驚きと感動その1、モノづくりの技能レベルの高さ。


デンソーがつくる製品は、さまざまな種類の部品から成り立っている。ともすれば、部品の大半を外部からの調達でまかなうのが当たり前のようになりがちな時代だ。

しかし、デンソーは違う。

部品をつくる設備も含め、できるだけ自前でつくろうとこだわってきた。

ギャラリーに展示されている金属加工品のほとんどが、デンソー自前の製品だ。旋盤やフライス盤などの高度な技術の結晶が並んでいる。

1000分の1ミリの精度を追求しているそうだ。

「技能五輪国際大会（正式には、国際技能競技大会）」をご存知だろうか。

モノづくりのオリンピックといわれている。

本家のオリンピックと同様に、50以上の競技種目ごとに各国代表が技能レベル世界一を競う。

隔年開催されるこの大会に、デンソーは毎回、日本代表を派遣している。出場するには、当然国内大会で優勝しなければいけない。デンソーグループの社員は、毎年国内大会の数種目で優勝している。

「技能五輪国際大会」では、2017年度までに63個のメダルを獲得している。

2017年度に日本が獲得した金メダルが3個で、そのうちの1個がデンソーの若手グループによるものだった。


その2、研究開発に対する強い思い。

デンソーは、研究開発にも破格の取り組みを行っている。年間の研究開発投資額は、なんと連結売上の8・8％、4500億円に上る。

対売上比、金額ともに日本でもトップレベルだ。

また、世界で約3万8000件もの特許を取得している。

「QRコードは、じつはデンソーが開発したものです」

物流業界をはじめ、さまざまな分野で世界標準となっているQRコードが、デンソーが生み出したものとは知らなかった。

しかも、**無償で全世界に公開**しているということに、さらに驚いた。


その3、デンソーは、モノづくりも一流だが、人づくりにおいても、ほんとうにすごい。


デンソー訪問のいちばんの目的は、その日開催されたデンソーのTQM（トータル・クオリティ・マネジメント）大会で講演をすることであった。

デンソーや取引会社の約700人の幹部の前で、例によってななつ星をつくりあげるまでのエピソードや「氣」について語った。本来ならば、当社として誇るべき話を並べる機会なのだが、私は講演前後の、デンソーの方たちの「おもてなし」の気持ちに圧倒されていた。

おもてなしの徹底ぶりに体が震えた

講演直前に車でデンソー本社の玄関に着いたとき、有馬社長以下およそ20名の方たちが玄関前に並んで私を迎えてくれた。

まず、その盛大なお迎えに仰天した。しかも、**皆さんの笑顔が輝いていた。**大感激。

1時間あまりの講演が無事終了し、「以上です。ご清聴ありがとうございました」と挨拶をした瞬間、**ぎっしり詰まった会場から嵐のような拍手**が送られた。

皆さん、ご存知だろうか。拍手には、いろんな拍手がある。

これは、私の大好きな歌手の前川清さんも、先日コンサートの際にいっていたが、拍手には種類があるのだ。その拍手は、ほんものの思いのこもった拍手だった。

最近は、月に1回ペースで講演の機会をいただくが、これほど格別の拍手は記憶にないものだった。

デンソーの方々の拍手には、**ぎっしりと詰まった「氣」**が感じられたのだ。

演壇から降りて会場の真ん中の通路を出口に向かって歩き出すと、誰ともなく通路の両脇のひとたちから**スタンディングオベーション**がはじまった。その波は、あっという間に会場全体を包んだ。

こんな経験は、はじめてのことだった。

（なんとありがたい）

体が震えるほどだった。

デンソー工業学園の見学のときも、学園生たちの「おもてなし」の気持ちにとことん感じ入ってしまった。

実習を伴う授業中、学園生たちは集中して、真剣に、高度な技術の習得に取り組んでいる。しかし、私がそばを通ると、どの学園生もさっと顔を上げ、元気な声で「こんにちは」と笑顔で挨拶をしてくれる。

素人の私が見ても、神経を集中させなければいけない精緻な技術に取り組んでいるのがわかる。

しかし、きちっと挨拶をしてくれる。

横で私を案内してくれていた学園長が胸を張った。

「学園では、技能も教えますが、それよりも**しつけ**を重視しています」

デンソーは、**モノづくりは人づくりから**、という哲学をもっている。

「おもてなし」の精神を社風にまで浸透させていると感じた。


もうひとつ気づいたことは、ふだんの仕事においても、**つねに身近なひとを感動させようとしている**ことだ。

お客さまに感動を与えるには、**まず自分が感動し、次にまわりのひとを感動させる**ことが大事なのだ。

そういう気持ちを共有できる、わかっている会社だ。

デンソーという巨人を前に、なんだかすごく嬉しくなった。


その4、デンソー有馬社長のある言葉に、さらに大きな衝撃を受けた。


「デンソーは、いま、たいへんな危機感を抱いています。会社の存亡にかかわる危機感です」

収益も拡大している。

モノづくりも究めている。

研究開発にも間断なく力を注いでいる。

外から見れば、デンソーは順風満帆そのものだ。

そのトップから「強い危機感」という言葉が出てくるとは、まったく想像もできなかった。

時代の最先端を行くがゆえの「危機感」

自動車業界には、いま百年に一度の大変革が起こっているという。

変革の波は3つある。

1つめは、**電気自動車への大転換**だ。エンジンからモーターへ、ガソリンから電池へと、動力源の主役が代わる電動化時代に突入している。電動化の流れは、この1年で一気に加速した。世界の自動車業界の勢力図がガラリと変わるだろう。自動車部品メーカーが淘汰されていく。

2つめは、**完全自動運転の早期実現**だ。AI技術の急速な進歩により、早くても10年先と思われていた完全自動運転の実現が、予想よりはるかに早く実現しそうだ。自動運転車が量産され広く普及すると、産業構造全体が大きく変化していくのが確実だ。

3つめは、**カーシェアリングの急拡大**だ。複数のひとが自動車を共同で利用するカーシェアリングは、30年ほど前にスイスではじまり、その後世界に広がっていった。日本でもここ数年急速に拡大している。

これらの大変革に対し、経営者が健全かつ強い危機感を抱くことは、当たり前のことかもしれない。

しかし、有馬社長からは危機感からくる**強い覚悟**のようなものを感じた。また、真心をこめて応接してくださった社員の方々を通じて、きっと、この危機感をポジティブに変換し、荒波を乗り越えていくに違いないという強いエネルギーを感じ取ることができた。

刺激され、見習うばかりのデンソー訪問に、また「氣」の高まった私であった。

48 世界はすさまじい勢いで変化している

中国の最先端企業は研究開発規模も巨大

中国の変革のスピードには舌を巻く。

先日、上海にあるファーウェイ（華為技術／HUAWEI）のR&D（リサーチ・アンド・ディベロップメント＝研究開発）センターを訪れた。

ファーウェイはスマートフォンのシェアで中国最大、世界で3位という通信機器メーカーだ。

上海R&Dセンターは、世界各地に14か所あるファーウェイの研究開発の拠点のひとつ。

上海R&Dセンターの正面玄関に降り立つと、目の前に巨大な壁のような（万里の長城とまではいかないが）横に長いビルが横たわっている。

全長1100メートル。数年前までは、アジアで最も横に長い建物だったという。このセンターに1万人を超える研究開発に携わる従業員がいると聞き、仰天した。

（研究開発だけで1万人！）

さっそく、施設内のファーウェイ社展示ホールを案内してもらった。

博物館のように広いスペースに、ファーウェイ社製の通信機器が秩序だって展示されている。

大半が、これから世の中に出ていく開発中のものであった。近未来の通信の世界がどうなっていくのかがよくわかるような構成となっていた。

その技術水準の高さと研究開発のスピードに、ただただ感心、驚くばかり。

さらに聞くと、深圳《しんせん》のR＆Dセンターには、ここ上海よりもさらに巨大なものがあるという。またまた仰天。

「買い物から30分以内に自宅に届ける」上海のスーパー

ファーウェイは、世界に18万人の従業員がおり、そのうちの40％以上に当たる8万人が研究開発に従事しているという。しかも、毎年売上（2017年度で約10兆円）の10％以上を研究開発に投資している。

（これじゃあ、日本はかなわないな）

中国の企業で、技術水準が世界のトップレベルになっているのは、ファーウェイだけではない。

アリババ、テンセント、百度《バイドゥ》などの中国企業が、IT関連では売上だけでなく技術力においても、米国を凌ぐ急成長を遂げている。

中国の企業の技術力が世界トップレベルになっていることを示すデータがある。

デンソーの項でもふれた「技能五輪国際大会」での金メダルの国別獲得数を開催年次別に眺めてみると、どの時期にどの国の技能がすぐれていたかがよくわかる。

1960年代から70年代前半にかけては、日本が金メダルの獲得数1位の常連だった。70年代後半から近年まではその座を韓国に奪われた。そして、直近の2017年度の大会で最多の金メダルを獲得したのが中国だ。メイド・イン・チャイナが、いま急速に品質の向上を見せつけ、その存在感を顕著にしている。

ファーウェイの見学のあと、上海の先進的なスーパーマーケットをのぞいてみた。

アリババグループが経営しているスーパーマーケット「盒馬鮮生《ファーマーションシェン》」だ。

生鮮食品売場で見た光景は、いまも鮮明に頭の中に残っている。

魚や肉を買おうとするお客さまが、商品棚のプライスカードにスマホのカメラを向け、カードに表示されているQＲコードを画像に収める。その画像を、アリババが提供するスマホ決済サービス「アリペイ（Alipay）」のアプリが認識し、決済手続きが完了する。

レジで現金を支払うお客さまは、ほとんどいない。

自分で商品をもち帰るひともほとんどいない。

決済が完了した商品を店のスタッフたちが、天井下に張り巡らされたケーブルに並べてぶら下げたカゴに次々と入れていく。

品物の入ったカゴがたくさんのお客さまの目の前でケーブルを次々と走り、バックヤードまで運ばれ、待機している配送係がピックアップし、慌ただしく配送へとバイクで走り出す。バイクで「アリペイ」に登録されているお客さまの自宅まで配達する。

スーパーの謳い文句はこうだ。

「買い物から30分以内に自宅に届けます」

半径3キロ以内ならば、お客さまがお店で決済した商品を30分以内にかけつけるバイクが届けてくれる。

（ここまで進んでいるのか）

この項を書いている2018年夏の時点で、アリババはこの**盒馬鮮生を中国国内で50店舗まで拡大した。ビッグデータの大量取得と、このビジネスモデルの大幅な黒字化を同時に達成しようとしている。**

そんなアリババとJR九州が手を取り合い、まったく新しいプロジェクトを発足させる。

観光庁のデータによると、九州7県の日本人宿泊数は2017年で4802万人と、東京の3908万人を大きく上回る。しかし、中国人宿泊数で見ると、九州7県は同年でわずか72万人。東京の408万人を大きく下回る。

ここにアリババは目をつけた。

ユニークIDの数（ユーザー数の概人数）で5億人分の顧客資産をもち、フィンランドなど北極圏と南極圏への送客キャンペーンではなはだしい成功を収めたアリババは、次に九州に着目したのだ。

（いいところに気がついたぞ！　アリババ）

当然、アリババは前述の「アリペイ」の普及も視野に入れての戦略だろう。日本を代表して、われわれＪＲ九州はこの申出を受け入れ、先頭を切って中国企業と組む覚悟を決めたのだ。

これを機に九州には、中国人のお客さまがどっと増える。２０１８年10月から２０１９年３月までに5万人の送客を目指し、２０２３年度までに１００万人（このうちアリババグループ内でアカウントをもつユーザー50万人）の送客を目指す。

九州から「アリペイ」の普及が進むとともに、日本の全国的なキャッシュレス化も進むだろう。じつはすでに日本でも岐阜県の高山市などで、「アリペイ」の試験的導入が局所的に行われていて、意外なことにその簡便さを喜んでいるのは**若者以上に年配の皆さん**だという。

中国とともに取り組む、大きなまちづくり。

私なりに喩えるなら、これはそんなプロジェクトだ。

シリコンバレーを超えた深圳の空気がうまい!?

上海から帰国し、中国事情に詳しいひとに上海で見たこと聞いたことを話すと、当然という顔をされた。

「上海よりも深圳《シンセン》のほうがもっとすごい」

上海のスーパーマーケットのような店は、深圳では当たり前らしい。

深圳は、30年ほど前には人口30万人（深圳市社会科学院調べ）の漁村だった。

いまでは、人口が1500万人を突破という報道も。中国を代表する新興大都市であり、「中国のシリコンバレー」の異名をとる。

国が1980年に経済特区に指定して以降、IT産業、金融業、物流業の拠点として急速に発展した。

いまや、中国はおろか世界を代表する経済都市にまで成長した。

ITに詳しいひとは口を揃えていう。

「深圳はすでに本家のシリコンバレーを超えた」

ファーウェイの本社も深圳にある。

世界のITの研究開発拠点も深圳に集まってきている。ドローンの研究開発も深圳が最も進んでおり、中国から輸出するドローンの98％は深圳港から積み出される。

安くて性能のいいドローンなら中国・深圳産、というのが時流なのだそうだ。

この10年ほど、中国の大気汚染が激しいと報道されてきた。深圳は、特にその象徴のように取り上げられることもあった。

ところが、この1~2年で状況は大きく変わっている。

2017年の調査では、PM2・5の大気中の濃度の数値が東京よりも少ないというデータも出たと聞く。

最近、中国の友人からたまたま見せてもらった写真には、深圳の見事な青空が写っていた。

世界は、中国は、ものすごい勢いで変化している。

歴史は繰り返す。

中国、再び。

この認識なくしては、日本の経営者はその舵《かじ》とりを誤ることになる。

49

明治維新150年の教え

明治維新とは革命の期間を指す

「明治維新」という言葉を聞くと、わくわくする。

2018年は、明治維新からちょうど150年め。

明治維新の定義には、いくつかの説があるが、3つの説が代表的だ。

ひとつめは、江戸幕府が朝廷に統治権を返上した1867年11月の大政奉還にはじまり、その後の王政復古の大号令を経て、新政府軍と旧幕府軍がはじめて武力衝突する鳥羽伏見の戦い(1868年1月下旬)にいたる1867年11月から1868年1月までの明治政府の始動期を明治維新とするというもの。

2つめは、明治の元号を定めた改元の詔書《しょうしょ》が出された1868年をもって明治維新とするというもの。2018年を明治維新から150年とした考え方は、この説からきている。

3つめは、それまで約260年間続いた幕藩体制が崩壊し、新政府を設立して近代国家へ移行していく政治と社会の大変革の一連のプロセスを指すというもの。時期的には、1867年前後から日清戦争（1894〜1895年）前後、明治中期にかけての20〜30年の期間を概ね指すというもの。

歴史学上主流となっているものは、この3つめの説だ。

世界唯一の奇跡を遂げた志士たち

世界の歴史学者には、**明治維新はフランス革命よりも偉大な革命だ**、というひとがいる。奇跡の革命だ、とする声もある。

フランス革命は、世界史を代表する市民革命といわれる。激しい戦いの末に、絶対王政から共和制へ移り変わった。

それはそれで大改革なのだが、本質は統治体制を巡り武力的攻防が繰り広げられ、人的、物的に大きな代償も伴った改革である。

明治維新はあれほどの大改革でありながら、徳川幕府側が統治の拠点である江戸城を、流血なしに新政府側に明け渡したことを端緒とする。

スタートが無血開城という稀有な革命だった。

明治維新は、地方分権型幕藩体制から近代的中央集権国家へと統治体制を大きく変えた。またそれ以上に、社会、経済のいたるところで西洋化、近代化を推し進め、改革を横断的に成し遂げたことが、フランス革命と比べられながら奇跡的とされるゆえんである。

崇高な使命感、猛烈な勉強、迅速な行動

当時、アジアの諸国が次々と欧米の植民地に堕ちるなか、日本はそうはならなかった。

なぜか。

明治維新という大改革を断行したからだ。

それも、世界が驚嘆するほどの短期間に、国を挙げて欧米と肩を並べるまでに近代化を成し遂げることができた。

どうして、明治維新が成功したのか。

どうして、長い間鎖国をしていた日本が一気に近代化を実現できたのか。

当時、明治維新のリーダーたちは、アジア諸国が植民地化されていく状況を知り、危機感を募らせた。日本がそうならないようにしなければとの強い思いを抱いた。

明治維新の原動力は、リーダーたちのそうした危機感だった。

リーダーたちは、危機感をベースに3つの力を発揮した。


1つに、自分たちがいまやらなければいけないという崇高な使命感。

2つに、能力を極限まで注ぎこんだ猛烈な勉強。

3つに、勉強したことをものすごいスピードで実行に移した行動力。


幕末から明治維新前後にかけて活躍した歴史上の人物といえば、NHK大河ドラマ『西郷《せご》どん』の西郷隆盛をはじめ、坂本龍馬や勝海舟の名前がすぐに浮かぶ。この3人の偉人も敬愛してやまないが、もうひとり山岡鉄舟《てっしゅう》にも憧れを抱く。

山岡鉄舟は、勝海舟、高橋泥舟《でいしゅう》とともに〝幕末の三舟《さんしゅう》〟と称される。

幕末の三舟は、徳川幕府側にいて江戸無血開城に尽力し、江戸のまちを戦禍から救った功労者として語り継がれている。

山岡鉄舟は、剣、禅、書の達人として知られ、多くの随想録を残している。

そのなかの『無刀流剣術大意』にある一節を紹介する。

「水ノ口中ニ入リ冷暖自知スルガ如シ」
（みずのこうちゅうにいりれいだんじちするがごとし）

ここにある「冷暖自知《れいだんじち》」は禅でよく使われる言葉だ。

目の前にある水を口に入れることにより、その水が冷たいのか温かいのかがわかるという意味だ。水が冷たいか温かいかといわれても見ただけではわからない。それを知るにはどうしたらいいかというと、手を突っこむか飲んでみればいい。そうすれば、おのずと冷たいのか温かいのかを知ることができる。

外から見るだけで、「この水は冷たいだろうか」といくら考えたところで何もはじまらない、ということをいっているのだ。

素晴らしい本を読み、素晴らしい話を聞くと、感動して何か自分が成長したような気になる。それだけでは充分ではない。

大切なのは、感動した言葉、感動した話を、どのように自分の日々の生活に取り入れ、どのように行動に移していくかということだ。

鉄舟は、**まずやってみる**ということを説いている。**迅速な実行が最も重要**だと唱えているのだ。

この考えは、鉄舟に限ったものではない。世界史上の大快挙といわれる明治維新を牽引した明治政府のリーダーたちが共通してもっていた考えだ。

そうした考え方を共有していたからこそ、あの明治維新が成し遂げられたのだ。

いまの時代は、明治維新と同じような大変革がすさまじい勢いで進行している。

変革のなかに生きるいまこそ、明治維新を牽引したひとの生きざまや教えを学ぶべきだ。

いま、目の前にある水を口に入れよう。

おわりに

高校までは、けっこう本を読んだ。大学に入ると、ひたすら柔道の稽古と飲酒に熱中し、読書から遠ざかった。社会人になっても、なかなかその癖が抜けなかった。

40歳にして、どうしたわけか、読書に目覚めた。

40代では、毎年100冊以上は読破しただろうか。

ジャンルも、和書、洋書も問わず、手あたり次第にページをめくった。

50歳を迎えると、今度は、映画に目覚めた。

年に100本以上の映画を観るようになった。

映画好きという話が広まると、たまにこんな質問が飛んできた。

「いちばん好きな映画は何ですか」

この質問は、映画好きの本質を理解していない。

映画好きにとって、好きな映画をひとつだけに絞りこむのは至難の業《わざ》である。何度も観た映画だけでも、数えると30本は下らない。そのなかからひとつを選ぶなんてことは不可能だ。

もっと困る質問がある。

「どんなひとがいちばん好きですか」

異性のことではない。性別を問わずどんな〝人物〟を好ましいとするかという質問だ。

これもひとつに絞ることは難しい。答えはひとつではない。

どんなひとが好きか。10くらいならなんとかいえる。

1 感動するひと

2 つねに楽しそうな表情を浮かべるひと

3 私のつまらないジョークに笑ってくれるひと

4 私につまらないジョークを話してくれるひと

5 声の大きなひと

6 挨拶ができるひと

7 ひとや物事のいいところを発見できるひと

8　すぐに行動するひと
9　お酒は飲まなくても夜遅くまでつき合ってくれるひと
10　おいしそうに食べるひと

本書では、1の「感動するひと」がたくさん出てくる。

本書を執筆しようという思いにさせたのは、ダイヤモンド社の寺田庸二さんである。

ある日突然「お会いしたい」と寺田さんから連絡をもらい、数日後に都内のカフェで会うことになった。

初対面で寺田さんは、いきなり熱く語り出した。

「唐池さんの以前出版された本を読みました。とても感動しました。ぜひ、当社からさらに感動的な一冊を出版しませんか」

寺田さんの感動と熱意が、書くつもりのなかった私に重い筆を執らせた。

感動するひとの提案に応え、感動してしまったひと、つまり私がこの『感動経営』を書いた。

感動することこそがすべての「いい仕事」のはじまりであり、「いい仕事」はたくさんのひとを感動させる。
49のエピソードすべてにこめた思いである。

唐池恒二

◎**協力（敬称略、五十音順）**

青島美幸、伊勢豊彦、今野真二、酒井米明、柴崎美由紀、仙台牛たん振興会、中村力丸、森久行、アリババ株式会社、宇都宮餃子会、株式会社デンソー、月刊『理念と経営』編集部、熊本県、トヨタ自動車株式会社、長崎県、野村證券株式会社、華為技術有限公司、前川企画、YOSAKOIソーラン祭り組織委員会

◎**参考文献**

◆鍵山秀三郎著、亀井民治編『鍵山秀三郎「一日一話」』（PHP研究所）

◆P・F・ドラッカー著、上田惇生訳『現代の経営（上）』（ダイヤモンド社）

◆P・F・ドラッカー著、上田惇生訳『現代の経営（下）』（ダイヤモンド社）

◆井上篤夫著『志高く　孫正義正伝　新版』（実業之日本社）

◆『JR九州30年史』（九州旅客鉄道）

［著者］

唐池 恒二（からいけ・こうじ）

九州旅客鉄道株式会社 代表取締役会長。

「三島JR」と称され、300億円の赤字というどん底のスタートを切った同社にあって、全社員とともに逆境と屈辱から這い上がり、500億円の黒字（2017年度）に導いた立役者。

同社は現在、売上の６割を鉄道以外の収入にして８年連続増収中。

高速船、外食、不動産、建設、農業、ホテル、流通など37のグループ会社を伴い、連結売上額は4133億円、経常利益670億円（2017年度）を計上。

1953年4月2日生まれ。1977年、京都大学法学部（柔道部）を卒業後、日本国有鉄道（国鉄）入社。1987年、国鉄分割民営化に伴い、新たにスタートした九州旅客鉄道（JR九州）において、人気温泉地・由布院の魅力を凝縮した「ゆふいんの森」や、浦島太郎の竜宮伝説をテーマにした「指宿のたまて箱」など、11種類のＤ＆Ｓ（デザイン＆ストーリー）列車をつくり、次々大ヒット。列車を「移動手段」から「観光資源」へと昇華させた。

1991年に博多～韓国・釜山間にデビューした高速船「ビートル」就航に尽力。さらに、大幅な赤字を計上していた外食事業を黒字に転換させ、別会社化したJR九州フードサービスの社長に就任。2002年には、同社でみずからプロデュースした料理店「うまや」の東京（赤坂）進出をはたし、大きな話題に。

2009年６月、同社代表取締役社長。2011年には、九州新幹線全線開業、国内最大級の駅ビル型複合施設「JR博多シティ」をオープン。

2011年に制作指揮した「祝！ 九州」のテレビCMは「カンヌ国際広告祭」アウトドア部門金賞受賞。2013年10月に運行を開始し、総工費30億円をかけ世界一の豪華列車とも称される「ななつ星 in 九州」では、企画立案からデザイン、マーケティングまで陣頭指揮を執り、大人気となる。

2014年6月、同社代表取締役会長。

2016年には、長年の悲願であった東証一部上場を実現。

2018年7月には、中国・アリババグループとの戦略的提携を発表。今後の動向にさらなる注目が集まっている。

【JR九州HP】
https://www.jrkyushu.co.jp/

感動経営
——世界一の豪華列車「ななつ星」トップが明かす49の心得

2018年9月12日　第1刷発行

著　者——唐池 恒二
発行所——ダイヤモンド社
〒150-8409　東京都渋谷区神宮前6-12-17
http://www.diamond.co.jp/
電話／03·5778·7236(編集)　03·5778·7240(販売)
装丁・本文デザイン—水戸岡鋭治(ドーンデザイン研究所)
編集・構成——染川宣大
製作進行———ダイヤモンド・グラフィック社
印刷————信毎書籍印刷(本文)・加藤文明社(カバー)
製本————ブックアート
編集担当——寺田庸二

ISBN 978-4-478-10519-1

Printed in Japan
JASRAQ 出 1808680-801